知识产权法配套测试

第12版

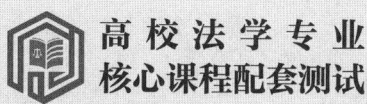
高校法学专业
核心课程配套测试

试 题

教学辅导中心 / 组编

编委会主任 / 李小草

编委会副主任 / 黎华献

编审人员

李小草　黎华献　张　杰　朱彩云

中国法治出版社
CHINA LEGAL PUBLISHING HOUSE

出版说明

"高校法学专业核心课程配套测试"丛书由我社教学辅导中心精心组编,专为学生课堂同步学习、准备法学考试,教师丰富课件素材、提升备课效率而设计。自2005年首次出版以来,丛书始终秉持"以题促学、以考促研"的编写理念,凭借其考点全面、题量充足、解析详尽、应试性强等特点,成为法学教辅领域的口碑品牌,深受广大师生信赖。

本丛书具有以下特色:

1. **适配核心课程,精设十六分册**。丛书参照普通高等学校法学专业必修课主要课程,设置十六个分册,涵盖基础理论、实体法、程序法及国际法等核心领域,旨在帮助学生构建系统的法学知识框架,筑牢理论根基,掌握法律思维。

2. **专业团队编审,严控内容品质**。由北京大学、中国人民大学、中国政法大学、北京航空航天大学、中国社会科学院、西南政法大学、西北政法大学、南开大学、北京理工大学等法学知名院校教师领衔编委会,全程把控试题筛选、答案审定及知识体系优化,确保内容兼具理论深度及实践价值。

3. **科学编排体系,助力知识巩固**。每章开篇设置"基础知识图解"板块,以思维导图形式梳理核心概念与法律关系,帮助学生快速构建知识框架。习题聚焦法学考试高频考点,覆盖单项选择题、多项选择题、不定项选择题、名词解释、简答题、论述题、案例分析题等常见题型,满足课堂练习、期末备考、法考训练、考研复习等需求。答案标注法条依据,详解解题思路。设置综合测试题板块,方便学生自我检测、巩固知识。

4. **紧跟法治动态,及时更新内容**。丛书依据新近立法动态进行修订,注重融入学科前沿成果,同时,贴合国家统一法律职业资格考试重点,强化实务导向题型训练,切实提升学生应试能力。

5. **贴心双册设计,提升阅读体验**。试题与解析分册编排,方便学生专注刷题,随时查阅答案,大幅提升学习效率。

6. **拓展功能模块,丰富学习资源**。附录部分收录与对应课程紧密相关的核心法律文件目录,帮助学生建立法律规范知识体系;另附参考文献及推荐书目,既明确了答案参考,亦为学生提供拓展阅读指引。

7. 附赠思维导图，扫码即可获取。购买本书，扫描封底二维码可下载课程配套思维导图，便于学生随时查阅、灵活使用，为学习提供更多便利与支持。

尽管本丛书已历经学生试用、教师审阅、编辑加工校对等多个环节，但难免存在疏漏和值得商榷之处。法学的魅力恰在于永恒的思辨。若您在研习过程中有任何问题或建议，欢迎发送邮件至 hepengjuan@zgfzs.com，与编委会共同交流探讨。我们将持续关注法学学习需求，以更开放的姿态完善知识体系，与广大师生共同推动本丛书内容的迭代优化。

"法律的生命不在逻辑，而在经验。"——愿我们在求索路上互为灯塔。

教学辅导中心

2025 年 8 月

《知识产权法配套测试》导言

在知识经济蓬勃发展的时代，知识产权已成为创新驱动发展的核心要素，深刻影响着社会经济、文化和科技的每一个角落。从互联网领域的算法专利，到文化产业的版权保护，再到生物科技的技术秘密，知识产权法构建起保护创新成果、维护市场秩序的法律屏障。掌握知识产权法不仅是法律专业学生的必修课，更是科研工作者、企业管理者、创业者等群体的必备素养。目前知识产权主要有两种分类方法：一种是把知识产权分为著作权和工业产权；另一种是把知识产权分为创造成果和商业标记权。不同的分类都体现了知识产权的发展趋势及内涵的演变，这种演变与经济、科技和社会的发展关系极大。尤其是随着人工智能等新兴数字技术的快速发展和广泛应用，知识产权制度在主体的模糊与扩张、保护对象的界定、权利保护的方法等方面面临全新的发展与挑战。

知识产权法是一个抽象的概念，是基于对"知识"和商业标记所带来的权利的控制、使用、收益和处分产生的法律体系。知识产权法律体系下主要分为《著作权法》《专利法》《商标法》和《反不正当竞争法》以及知识产权国际条约。1986年的《民法通则》和2020年的《民法典》都将知识产权归于民事权利，是私权的一种，但又与其他民事权利有所区别。知识产权的客体是"知识"，"知识"并非指涵盖人类全部文明成果的外延的广泛概念，而是一个经过法律筛选，内涵和外延都确定的法律概念。知识产权法作为兼具理论深度与实践广度的部门法，其条文的严谨性与概念的抽象性，常常使学习者面临理解与运用的双重挑战。读者要熟悉《著作权法》《专利法》《商标法》《反不正当竞争法》及配套法规、司法解释，了解法律制定的背景和法律修改相关条款的变化，同时掌握《保护文学和艺术作品伯尔尼公约》《保护工业产权巴黎公约》和《与贸易有关的知识产权协定》等国际条约的基本原则、最低保护标准及执行机制。教材中系统的理论阐述虽能搭建起知识框架，但只有通过大量习题训练，才能将抽象的法律规范转化为解决实际问题的能力。本书通过基础知识图解帮助读者梳理相关章节的知识体系，按照知识点精心设计各类题型，从基础的概念辨析到复杂的案例分析，从单项选择到综合论述，全面覆盖知识产权法的各个领域。题目中包含新出台的法律及司法解释，体现相关领域法学前沿研究成果，贴合期末考试、国家统一法律职业资格考试、研究生入学考试等相关考试，旨在助力读者深入理解知识产权法的理论精髓，熟练掌握法律条文的实践应用，为构建坚实的知识产权法知识体系提供有力支撑。

《知识产权法配套测试》是读者学习知识产权法的良师益友，它既是检验学习成果的标尺，也是提升法律实践能力的阶梯。无论是致力于深入钻研知识产权法的专业人士，还是希望了解知识产权法律知识的初学者，都能通过本书的学习与练习，在知识产权法领域不断探索前行，为保护创新、推动社会发展贡献力量。

目 录

绪 论 ··· 1
 基础知识图解 ··· 1
 配套测试 ·· 1

第一编　著作权与相关权利

第一章　著作权的客体 ··· 4
 基础知识图解 ··· 4
 配套测试 ·· 4
第二章　著作权的取得与归属 ··· 7
 基础知识图解 ··· 7
 配套测试 ·· 7
第三章　著作权的内容 ··· 17
 基础知识图解 ··· 17
 配套测试 ·· 18
第四章　邻接权 ·· 22
 基础知识图解 ··· 22
 配套测试 ·· 22
第五章　著作权的限制 ··· 25
 基础知识图解 ··· 25
 配套测试 ·· 25
第六章　著作权的利用 ··· 28
 基础知识图解 ··· 28
 配套测试 ·· 28
第七章　侵害著作权的法律责任 ····································· 31
 基础知识图解 ··· 31
 配套测试 ·· 31

第二编　专利权与其他技术成果权

第八章　专利权的对象 ··· 37
 基础知识图解 ··· 37

配套测试 ··· 37
第九章　专利权取得的实质条件 ··· 39
　　基础知识图解 ··· 39
　　配套测试 ··· 39
第十章　专利权的归属、取得与消灭 ··································· 41
　　基础知识图解 ··· 41
　　配套测试 ··· 41
第十一章　专利权的内容与限制 ··· 44
　　基础知识图解 ··· 44
　　配套测试 ··· 44
第十二章　专利权的利用 ·· 46
　　基础知识图解 ··· 46
　　配套测试 ··· 46
第十三章　侵害专利权的法律责任 ······································· 47
　　基础知识图解 ··· 47
　　配套测试 ··· 47
第十四章　植物新品种权和集成电路布图设计权 ···················· 52
　　基础知识图解 ··· 52
　　配套测试 ··· 52

第三编　商标权与其他商业标记权

第十五章　商标权的对象 ·· 54
　　基础知识图解 ··· 54
　　配套测试 ··· 54
第十六章　商标权的取得和消灭 ··· 57
　　基础知识图解 ··· 57
　　配套测试 ··· 57
第十七章　商标权的内容与利用 ··· 66
　　基础知识图解 ··· 66
　　配套测试 ··· 66
第十八章　侵害商标权的法律责任 ······································· 72
　　基础知识图解 ··· 72
　　配套测试 ··· 72
第十九章　其他商业标志保护 ··· 78
　　基础知识图解 ··· 78
　　配套测试 ··· 78

第四编　与知识产权有关的反不正当竞争的权利

第二十章　反不正当竞争法律制度概述 …………………………………………… 81
　　基础知识图解 ………………………………………………………………………… 81
　　配套测试 ……………………………………………………………………………… 81

第二十一章　仿冒行为 ……………………………………………………………… 83
　　基础知识图解 ………………………………………………………………………… 83
　　配套测试 ……………………………………………………………………………… 83

第二十二章　商业秘密保护制度 …………………………………………………… 84
　　基础知识图解 ………………………………………………………………………… 84
　　配套测试 ……………………………………………………………………………… 84

第五编　知识产权国际条约

第二十三章　知识产权国际条约 …………………………………………………… 86
　　基础知识图解 ………………………………………………………………………… 86
　　配套测试 ……………………………………………………………………………… 86

第二十四章　工业产权国际条约 …………………………………………………… 88
　　基础知识图解 ………………………………………………………………………… 88
　　配套测试 ……………………………………………………………………………… 88

第二十五章　著作权国际条约 ……………………………………………………… 90
　　基础知识图解 ………………………………………………………………………… 90
　　配套测试 ……………………………………………………………………………… 90

综合测试题一 ……………………………………………………………………………… 92

综合测试题二 ……………………………………………………………………………… 94

综合测试题三 ……………………………………………………………………………… 97

附录一：知识产权法学习所涉及的主要法律文件 …………………………………… 100
附录二：参考文献及推荐书目 ………………………………………………………… 102

绪 论

基础知识图解

知识产权法学
- 知识产权
  - 定义
  - 性质与特征
  - 分类
  - 客体
- 知识产权法
  - 概念
  - 与宪法的关系
  - 与民法的关系
  - 体系
- 知识产权制度的历史沿革与发展趋势
- 知识产权法学的概况与学科发展

配套测试

单项选择题

1. 下列知识产权中，既包括人身权利，又包括财产权利的是（　　）。
A. 商业秘密权　　　　　　　　B. 商标权
C. 著作权　　　　　　　　　　D. 地理标记权

2. 有关知识产权保护的国际公约中，《伯尔尼公约》保护的对象是（　　）。
A. 注册商标　　　　　　　　　B. 文学艺术作品
C. 录音制品　　　　　　　　　D. 集成电路的布图设计

3. 知识产权（　　）。
A. 是一种纯粹的财产权
B. 是一种人身权，具有永续性的特点
C. 以无体物为客体，兼具人身权与财产权的性质
D. 在一国取得，即受世界各国的共同保护

4. 有关知识产权保护的国际公约中，专门保护作者对其文学艺术作品所享有的著作权的是（　　）。
A. 《与贸易有关的知识产权协定》（TRIPs 协定）
B. 《专利合作条约》
C. 《巴黎公约》
D. 《伯尔尼公约》

5. （　　）开创了专利法国际协调的先河。
   A.《伯尔尼公约》　　　　　　　　　　B.《罗马公约》
   C.《巴黎公约》　　　　　　　　　　　D.《知识产权协议》
6. 颁布了世界上第一部具有现代意义的专利法的国家是（　　）。
   A. 英国　　　　B. 俄国　　　　C. 西班牙　　　　D. 德国
7. （　　）的颁布，使中国从专利权与发明证书并存的双轨制，转变为单一的发明证书制度。
   A.《保障发明权和专利权暂行条例》
   B.《专利法》
   C.《奖励工艺品暂行条例》
   D.《发明奖励条例》
8. 专利制度的核心是（　　）。
   A. 授予专利权人一定期限的垄断权　　B. 保护创造成果
   C. 公开发明创造的内容　　　　　　　D. 与TRIPs接轨
9. 著作权的产生和保护注重的是（　　）。
   A. 作者的思想、理论、观念等思维　　B. 作品的内容和形式
   C. 作者对某一作品的特定表达　　　　D. 作品内容本身
10. 世界上第一部著作权法是（　　）。
    A. 1609年《安娜女王法令》　　　　　B. 1709年《安娜女王法令》
    C. 1609年《伊丽莎白女王法令》　　　D. 1709年《伊丽莎白女王法令》
11. 我国历史上第一部著作权法是（　　）。
    A.《大清著作权律》　　　　　　　　B.《中华民国著作权法》
    C.《北洋政府著作权法》　　　　　　D.《中华人民共和国著作权法》

多项选择题

1. 知识产权（　　）。
   A. 以智力成果为保护对象　　　　　　B. 是一种纯粹的财产权
   C. 有地域性　　　　　　　　　　　　D. 受时间限制
2. 以下各项中属于《巴黎公约》保护范围的有（　　）。
   A. 原产地名称　　　　　　　　　　　B. 集成电路布图设计
   C. 发明、实用新型、外观设计　　　　D. 商标、服务标记、厂商名称
3. 著作权的特点在于（　　）。
   A. 著作权因作品创作而自动产生
   B. 著作权中的人身权利不得转让
   C. 著作权没有保护期限的限制
   D. 著作权保护期限届满，一切著作权均不再受到保护
4. 著作权属于（　　）。
   A. 抗辩权　　　　B. 专有权　　　　C. 对人权　　　　D. 绝对权
5. 1624年英国《垄断法案》出台的背景原因有（　　）。
   A. 资产阶级追求平等，要求限制王权
   B. 英国早期钦赐特权被滥用为王室增加收入的手段
   C. 英国早期钦赐特权根本没有为英国工业的崛起发挥作用

D. 资产阶级掌握着先进的工业技术，借此控制着国家的经济命脉
6. 下列国际公约中，涉及专利权保护的有（　　）。
A.《保护工业产权巴黎公约》　　　　B.《伯尔尼公约》
C.《世界版权公约》　　　　　　　　D.《与贸易有关的知识产权协定》
7. 下列有关专利制度的特征，描述正确的是（　　）。
A. 专利法的宗旨包括促进技术进步和兼顾公众利益
B. 专利法所规定的垄断仅仅局限于对技术的全面垄断
C. 著作权与工业产权之间的划分原则为"实用和非实用"
D. 专利权作为垄断性权利，可以有效地维持正常的社会经济秩序

名词解释

1. 著作权
2. 著作权法
3. 知识产品与虚拟财产
4. 智力成果与劳动成果

简答题

1. 简述知识产权与所有权的区别。
2. 简述智力成果的类型。
3. 简述知识产权权利用尽原则。
4. 简述知识产权的范围。
5. 简述知识产品的概念和特点。
6. 简述知识产权法与民法的关系。
7. 简述知识产权的本质特征。
8. 简述著作权与工业产权的关系。

论述题

1. 试述知识产权与所有权在法律性质、效力、保护方法上的异同。
2. 试论知识产权在民法中的地位。
3. 试述知识产权的客体范围与我国知识产权法的制度创新。
4. 试述权利限制制度在知识产权法中的作用和地位。
5. 试述知识产权与物权的差异。
6. 试论专利权的垄断特征。

第一编 著作权与相关权利

第一章 著作权的客体

基础知识图解

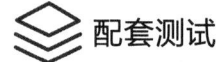

配套测试

单项选择题

1. 下列选项中，不受著作权法保护的作品是（　　）。
A. 广播电视节目预告表　　　　　　　　B. 计算机文字处理软件
C. 某单位创作的北京市地图　　　　　　D. 某艺术家创作的雕塑

2. 下列选项中，受著作权法保护的作品是（　　）。
A. 王某创作的色情漫画
B. 某歌唱家即兴创作并表演的歌曲
C. 《民法典》的官方英文版译文
D. 通用表格

3. 《著作权法实施条例》规定的"作品"是指（　　）。
A. 文学、艺术和科学领域内的，以某种形式复制的智力创作成果
B. 文学、艺术和科学领域内的，具有新颖性的以某种有形形式复制的智力创作成果
C. 文学、艺术和科学领域内的，具有独创性并能以某种有形形式复制的智力创作成果
D. 文学、艺术和科学领域内的，具有独创性的以某种有形形式复制的智力创作成果

4. 下列属于著作权法保护客体的是（　　）。
A. 《红楼梦》　　　　　　　　　　　　B. 《三国演义》
C. 《西游记》　　　　　　　　　　　　D. 莫言的小说《红高粱》

5. 自然人所有的计算机软件著作权的保护期限为（　　）。
A. 25 年　　　　　　　　　　　　　　B. 50 年
C. 作者终生及死后 50 年　　　　　　　D. 40 年

6. 根据《计算机软件保护条例》的规定，计算机软件著作权要符合何种情况才能得到保护？（　　）

A. 作品发表 B. 作品创作完成即可
C. 作品创作完成并固定在某种有形物体上 D. 在作品上加注版权标记

7. 根据著作权法规定，中国公民的著作权在下列何种情况下产生？（　　）
A. 随作品的发表而自动产生 B. 随作品的创作完成而自动产生
C. 在作品以一定物质形态固定后自动产生 D. 在作品上加注版权标记后自动产生

8. 在下列选项中，不属于著作权客体的是（　　）。
A. 政府公告 B. 计算机软件
C. 小说 D. 某人的公开演说

9. 根据《著作权法》的规定，下列作品中，不属于著作权客体的是（　　）。
A. 文字作品 B. 工程设计图
C. 历法、数表、通用表格和公式 D. 计算机软件

10. 某电视台摄制电视剧《天龙八部》，编剧唐某根据金庸撰写的《天龙八部》创作了剧本，演员黄某在剧中扮演乔峰，该电视剧的著作权归谁享有？（　　）
A. 唐某 B. 电视台 C. 黄某 D. 金庸

多项选择题

1. 著作权法中的作品应具备下列（　　）要素。
A. 独创性 B. 新颖性 C. 表达性 D. 可复制性

2. 我国著作权法所保护的作品包括（　　）。
A. 某著名法学家的课堂授课视频 B. 某政治家发表的演讲文稿
C. 某商品使用技巧的总结网帖 D. 未以乐谱形式表现出来的曲调

3. 下列选项中，受我国著作权法保护的作品有（　　）。
A. 某大律师在法庭上所作的精彩辩论 B. 单纯事实消息
C. 王某创作的淫秽小说 D. 豫剧《朝阳沟》的剧本

4. 下列选项中，财产权已不受我国著作权法保护的有（　　）。
A. 历法
B. 法律
C. 八旬老人王某18岁时写的数十封情书，完成后一直未发表
D. Windows 10 程序软件

5. 下列选项中，不受我国著作权法保护的包括（　　）。
A. 影片、电视剧 B. 工程设计图纸
C. 《著作权法》 D. 鲁迅（逝于1936年）的著作

6. 下列哪些作品，依据我国著作权法的规定，享有著作权？（　　）
A. 即兴的未以任何物质载体固定的演说 B. 未以任何物质载体固定的法庭辩论
C. 相声、快书；大鼓、地方戏曲等戏剧作品 D. 工程设计、产品设计图纸及其说明

7. 下列作品哪些可以被认为是文字作品？（　　）
A. 戏剧作品 B. 用盲文创作的小说
C. 计算机软件 D. 地图

8. 下列作品属于美术作品的有（　　）。
A. 摄影作品 B. 建筑作品 C. 书法作品 D. 雕塑作品

9. 下列哪些对象不受著作权法的保护？（　　）
A. 李律师在法庭上发表的代理词

B. 马法官就某一案件撰写的判决
C. 陈教授利用业余时间翻译的《日本民法典》
D. 刊登在专利公报上的某一发明专利的说明书

10. 下列情形中，无国籍人的作品受到我国《著作权法》保护的是（　　）。
A. 根据其无国籍人经常居住地同中国签订的协议或者共同参加的条约享有著作权的作品
B. 无国籍人的作品首先在中国境内发表
C. 无国籍人的作品首先在中国参加的国际条约的成员国出版
D. 无国籍人的作品在中国参加的国际条约的成员国和非成员国同时出版

11. 牛某研习书法绘画30年，研究出汉字的独特写法牛氏"润金体"。"润金体"借鉴了"瘦金体"，但在布局、线条、勾画、落笔以及比例上自成体系，多出三分圆润，审美价值很高。牛某将其成果在网络上发布，并注明"版权所有，未经许可，不得使用"。甲公司从该网站下载了九个"润金体"字，组成广告词，为其从国外进口的羔羊肉做广告。关于"润金体"及甲公司的行为，下列哪些选项是正确的？（　　）
A. 字体不属于著作权保护的范围，故甲公司不构成侵权
B. "润金体"具有一定的独创性，可认定为美术作品而受著作权法保护
C. 甲公司只是选取了有限的数个汉字，不构成对"润金体"整体著作权的侵犯
D. 甲公司未经牛某同意，擅自使用"润金体"汉字，构成对牛某著作权的侵犯

12. 我国《著作权法》不适用于下列哪些选项？（　　）
A. 法院判决书
B.《与贸易有关的知识产权协定》的官方中文译文
C.《伯尔尼公约》成员国国民未发表且未经我国有关部门审批的境外影视作品
D. 奥运会开幕式火炬点燃仪式的创意

13. 著作权法所称的作品，包括（　　）。
A. 文学、艺术作品　　　　　　　B. 视听作品
C. 社会科学文献　　　　　　　　D. 工程模型作品

14. 著作权法保护的作品应当符合的条件有（　　）。
A. 独创性　　　　　　　　　　　B. 新颖性
C. 地域性　　　　　　　　　　　D. 能以某种有形形式复制

名词解释

1. 作品
2. 表达

简答题

1. 不受著作权法保护的对象有哪些？
2. 著作权法保护的作品的构成要件有哪些？
3. 简述作品独创性的含义。
4. 试述著作权法保护的作品的范围。

第二章 著作权的取得与归属

基础知识图解

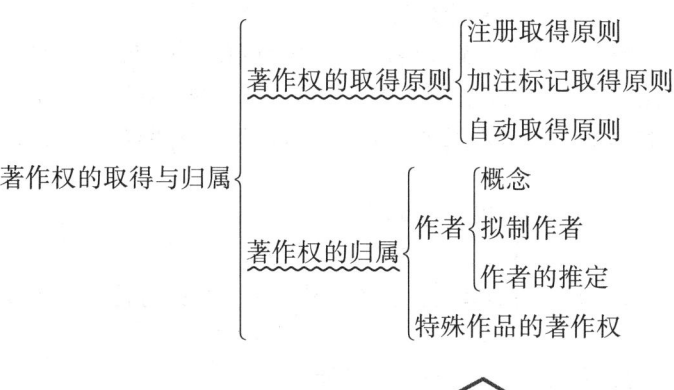

配套测试

单项选择题

1. 著作权因（　　）而取得。
A. 创作
B. 发表
C. 公开
D. 主管机关的审核与授权

2. 甲为文艺晚会创作了一个小品，甲取得该小品著作权的时间为（　　）。
A. 小品上演之日
B. 小品创作完成之日
C. 小品登记之日
D. 小品播放之日

3. 根据我国的著作权取得制度，中国公民的著作权在下列何种情况下产生？（　　）
A. 随作品的发表而自动产生
B. 随作品的创作完成而自动产生
C. 在作品以一定物质形态固定后自动产生
D. 在作品上加注版权标记后自动产生

4. 下列职务作品中，由作者享有著作权的有（　　）。
A. 某县县长在该县人民代表大会上所作的工作报告
B. 某程序员利用公司的电脑及资料开发出的一套新型软件。就该软件的质量，由公司承担责任
C. 大学教师江某为便于教学，多方查找资料，收集整理了一套《民法学资料选编》
D. 技术员宋某利用厂里的相关资料及设备，完成了某新产品设计图纸一套。该图纸是该厂为另一厂家完成的一系列图纸之一

5. 李某购得油画一幅，则他（　　）。
A. 一并获得该油画的著作权
B. 一并获得该油画的复制权
C. 一并获得该油画的发行权
D. 一并获得该油画原件的展览权

6. 公民甲、乙、丙共同创作完成了一部文学作品。该作品由甲、乙、丙三人共同策划，由

甲、乙执笔各完成作品的一半，后来三人就该作品的著作权发生争议，按法律规定，（　　）。

   A. 该作品的著作权由甲、乙、丙三人共同所有
   B. 该作品的著作权由甲、乙共同拥有，丙不拥有著作权
   C. 该作品的著作权由甲、乙共同拥有，丙不拥有著作权，但应分得适当的除稿酬外的著作权收益
   D. 该作品的著作权由甲、乙、丙共同拥有，但丙不拥有稿酬，稿酬由甲、乙均分

7. 著作权的主体（　　）。

   A. 只能是公民　　　　　　　　　　B. 可以是公民、法人
   C. 只能是法人　　　　　　　　　　D. 只能是国家

8. 甲、乙两人系同事，甲曾委托乙创作一剧本，乙碍于情面答应为其创作，但双方没有订立任何书面合同，也未作出明确的口头约定。乙按时完稿交甲审阅，甲看后让乙再作修改。后甲因工作调到外省工作，乙修改完作品即以自己的名义对外发表。甲知悉后，提出著作权属于自己，依法律规定，此剧本的著作权由（　　）。

   A. 甲、乙均不享有　　　　　　　　B. 甲、乙共同享有
   C. 甲一人享有　　　　　　　　　　D. 乙一人享有

9. 张强7岁，有绘画天赋。他作的画很受人们的喜爱，有的还获了奖。张强对他的绘画作品（　　）。

   A. 享有著作权。因为绘画是合法行为，不论作者有无民事权利能力
   B. 享有著作权。因为绘画是一种事实行为，并不需要作者具备民事行为能力
   C. 不享有著作权。因为绘画是一种民事法律行为，要求作者具有相应的民事行为能力
   D. 不享有著作权。因为绘画是合法行为，要求作者具有民事权利能力

10. 刘某由所在工作单位安排，承接了一个国家软科学研究项目，在工作期间出版了一本有关企业管理方面的专著，并获稿费1.5万元，此稿酬应归谁所有？（　　）

   A. 应全部归刘某所在单位所有　　　　B. 归刘某所有，由刘某所在单位缴纳所得税
   C. 归刘某所有，但刘某应缴纳个人所得税　　D. 归刘某所在单位所有，但应拿出一部分奖励刘某

11. 某影视公司根据某乙的小说改编了一部电影，该电影的著作权属于（　　）。

   A. 某乙　　　　　　　　　　　　　B. 某影视公司
   C. 某乙与某影视公司　　　　　　　D. 以上皆不对

12. 某百科全书出版社组织了一批著名专家，编写21世纪新文学辞典，并为此投入资金233万元。辞典的对外宣传、出版工作以及关于该百科全书的各种责任均由出版社负责。该辞典（　　）。

   A. 属于著作权法规定的职务作品，辞典的整体著作权属于单位，但是这些专家享有署名权
   B. 属于著作权法规定的单位作品，辞典的整体著作权属于单位，专家只能就其中个人撰写的部分主张著作权，而不能就整个作品主张著作权
   C. 属于著作权法规定的职务作品，辞典的整体著作权属于所有作者，作为出版社只能在业务范围内优先使用
   D. 属于汇编作品，该作品整体的著作权属于单位所有，专家只能就其中个人撰写的部分主张著作权，不能就作品整体主张著作权

13. 甲是某大学法律系主任，学校下达编写教材的工作任务，由甲任主编，组织本系教师编写。该书的著作权属于（　　）。

   A. 甲享有　　　　　　　　　　　　B. 学校享有

C. 甲和学校共有　　　　　　　　　　　D. 全体作者享有

14. 电视台摄制了电视剧《养老保险》，剧本由甲根据乙的同名自传改编而成，剧中主角由丙扮演。该电视剧的著作权应归谁享有？（　　）

A. 乙　　　　　B. 丙　　　　　C. 甲　　　　　D. 电视台

15. A 省信息中心接受省政府下达的任务，开发了一套软件，但项目任务书中对该软件的著作权归属未作约定。该软件的著作权应属于（　　）。

A. A 省信息中心　　　　　　　　　　B. 省政府
C. 开发软件的程序员　　　　　　　　D. 信息中心和省政府

16. 王某和李某共同编写了《谢谢你，下一位》一书。两人事先约定，王某完成全书三分之一内容的写作并负责全书修改统稿工作，李某完成全书三分之二内容的写作；该书署名顺序为王某在前，李某在后。全书写作完成后，王某与出版社签订出版合同，并请李某也在合同上签了字。书稿清样排出后，王某校对了两次，后因外出而将第三次校对工作交由李某进行。李某拿到三校样稿，见自己的名字排在王某之后，心里很不舒服。觉得自己写的篇幅超过王某，自己应排名在前，便提出请出版社变更排名顺序。出版社拿出出版合同，认为合同中已约定了排名顺序，不便改变。李某扣下校样，表示不改变署名顺序，就不允许出版该作品。王某和出版社认为李某的要求毫无道理，准备按合同约定，照校样出版该书。关于本案中的作者的署名顺序，正确的表述是（　　）。

A. 应该由王某决定　　　　　　　　　B. 应该由李某决定
C. 应该由王某、李某协商决定　　　　D. 应该由著作权管理部门决定

17. 某市演出公司为培训戏剧美工人员，抽调市内各区县的美工骨干陈某、李某、宋某组成编写组，编写一部教材。在编写过程中，编写组的李某、宋某在设计结构、提供素材、查找资料等方面做了大量工作，但教材的大部分文字编写由陈某一人完成。演出公司将教材交给红日美术出版社，并责成陈某负责该书的修改工作。陈某进行了 8 次修改，减损了原教材大部分内容，吸取精华，充实大量原教材没有的内容，比原教材内容更丰富，结构更完美，水平有很大提高，作品的风格、性质已完全改变，由一本培训教材变成了一部探讨戏剧美工艺术的理论著作。陈某提出，此书是他本人学习研究的成果，应由其独享著作权，而演出公司提出该书为职务作品，公司享有著作权。双方争执不下，陈某起诉至人民法院。对于该书，演出公司有权（　　）。

A. 许可其他单位使用　　　　　　　　B. 对该书重新改编
C. 发行该书并获取收益　　　　　　　D. 作为培训教材培训美工人员

18. 于生与宋翔、李飞合著一书，于生撰写了其中的五章，该书出版后，于生将自己撰写的五章修改后又交另外一家出版社出版。宋翔、李飞认为于生单独出版的这本书也应由全体合著者享有著作权。下列有关于生单独出版的书的表述，正确的是（　　）。

A. 由于生一人享有著作权
B. 由于生、宋翔、李飞三人共同享有著作权
C. 由于生一人享有著作权，但宋翔、李飞有权分得适当的稿酬
D. 由于生、宋翔、李飞共同享有著作权，但于生有权获取全部稿酬

19. 中学英语教师甲已有数十年教学经验，总结出一套可以提高英语水平的学习方法。学校指派青年教师乙将甲的学习方法总结成书面材料以便推广。乙在跟班听课和向甲请教的基础上，根据自己的构思编写了介绍甲的学习方法的材料。之后，乙应出版社的要求，对该材料作进一步加工，写成《英语学习妙法》一书，署自己一人的名。该书出版后，甲提出异议，认为该书的作者应是自己而不是乙。学校也提出异议，认为乙的出书行为侵犯了学校对总结材料的著作权。该书的著作权应归谁享有？（　　）

A. 应归甲享有　　　　　　　　　　B. 应归乙享有

C. 应归甲乙共同享有　　　　　　　D. 应归学校享有

20. 甲教授完成一本学术专著，现有以下人员主张自己也是该书的作者。其中谁的理由符合著作权法的规定？（　　）

A. 乙主任："我曾经为这个课题申请经费进行了组织协调，并主持过这个课题的研讨会。"

B. 丙研究生："我曾经为甲教授的这项研究查找资料，还帮他抄写过一部分手稿。"

C. 丁讲师："我撰写过该书的两章，尽管甲教授后来对这两章作了较大的修改，但基本保持了原稿的结构和内容。"

D. 戊教授："甲教授在研究这个课题时，曾多次与我讨论有关的学术问题，我提出的一些意见已被他采纳。"

21. 甲、乙、丙合作创作一首歌曲。甲欲将该作品交某音乐期刊发表。乙以该期刊发表过批评其作品的文章为由表示反对。丙未置可否。下列有关该事件的表述中正确的是（　　）。

A. 如果乙坚持反对则甲不能将作品交该期刊发表

B. 甲有权不顾乙的反对而将作品交该期刊发表

C. 在丙同意的情况下，甲可以不顾乙的反对而将作品交该期刊发表

D. 如果丙以同样的理由表示反对作品交该期刊发表，则甲不能将其作品交该期刊发表

22. 某厂技术员张某利用工作之便，编写了一本《机床修理与调试》。为该书的著作权归属问题张某与工厂发生争议。依照法律，该书的著作权（　　）。

A. 归张某享有，与该厂无关

B. 该书是职务作品，著作权由张某享有，但该厂在两年内可以使用

C. 该书著作权由张某享有，该厂有权在其业务范围内优先使用

D. 该书是职务作品，但未经张某同意，该厂不得许可第三人优先使用

23. 改编、翻译、注释、整理已有作品而产生的作品，其著作权属于（　　）。

A. 合著著作权人　　　　　　　　　B. 产生作品的著作权人

C. 原始著作权人　　　　　　　　　D. 继承著作权人

24. 甲展览馆委托雕塑家叶某创作了一座巨型雕塑，将其放置在公园入口，委托创作合同中未约定版权归属。下列行为中，哪一项不属于侵犯著作权的行为？（　　）

A. 甲展览馆许可乙博物馆异地重建完全相同的雕塑

B. 甲展览馆仿照雕塑制作小型纪念品向游客出售

C. 个体户冯某仿照雕塑制作小型纪念品向游客出售

D. 游客陈某未经著作权人同意对雕塑拍照纪念

25. 自然人甲接受乙组织的委托，创作《我不认识她》剧本，在该剧创作过程中，自然人丙提供了大部分资料，自然人丁负责抄写和校对。在谁为该剧本作者问题上，发生纠纷。该剧本的作者应为（　　）。

A. 甲　　　　B. 甲乙　　　　C. 甲丙丁　　　　D. 甲乙丙丁

26. 国画大师李某欲将自己的传奇人生记录下来，遂请作家王某执笔，其助手张某整理素材。王某以李某的人生经历为素材完成了自传体小说《我的艺术人生》。李某向王某支付了5万元，但未约定著作权的归属。该小说的著作权应当归谁所有？（　　）

A. 归王某所有　　　　　　　　　　B. 归李某所有

C. 归王某和张某共同所有　　　　　D. 归王某、张某和李某三人共同所有

27. 甲、乙合作完成一部剧本，丙影视公司欲将该剧本拍摄成电视剧。甲以丙公司没有名气为由拒绝，乙独自与丙公司签订合同，以10万元价格将该剧本摄制权许可给丙公司。对此，下列

哪一说法是错误的？（　　）

A. 该剧本版权由甲乙共同享有　　　　B. 该剧本版权中的人身权不可转让

C. 乙与丙公司签订的许可合同无效　　D. 乙获得的10万元报酬应当合理分配给甲

28. 某"二人转"明星请某摄影爱好者为其拍摄个人写真，摄影爱好者未经该明星同意将其照片卖给崇拜该明星的广告商，广告商未经该明星、摄影爱好者同意将该明星照片刊印在广告单上。对此，下列哪一选项是正确的？（　　）

A. 照片的著作权属于该明星，但由摄影爱好者行使

B. 广告商侵犯了该明星的肖像权

C. 广告商侵犯了该明星的名誉权

D. 摄影爱好者卖照片给广告商，不构成侵权

29. 小刘从小就显示出很高的文学天赋，7岁就写了小说《乡村飞机云》，并将该小说的网络传播权转让给某网站。小刘的父母反对该转让行为。下列哪一说法是正确的？（　　）

A. 小刘父母享有该小说的著作权，因为小刘是无民事行为能力人

B. 小刘及其父母均不享有著作权，因为该小说未发表

C. 小刘对该小说享有著作权，但网络传播权转让合同无效

D. 小刘对该小说享有著作权，网络传播权转让合同有效

30. 李某于2023年8月4日创作完成小说《别来烦我》，2024年3月5日发表于某文学刊物后被张某改编成剧本，甲公司根据该剧本拍成同名电视剧，乙电视台播放该电视剧。对此，下列哪一选项是错误的？（　　）

A. 李某从2024年3月5日起对小说享有著作权

B. 张某对剧本享有著作权

C. 甲公司将该剧本拍成电视剧应当取得李某和张某的许可并支付报酬

D. 乙电视台播放该电视剧应当取得甲公司许可并支付报酬

31. 甲公司在报纸上向社会征集广告用语，声明被采用的应征者将获得奖金2000元。乙设计的独特广告语应征后被选中，获得2000元奖金。甲公司使用该广告语3年以后，乙对广告语的著作权提出主张，要求甲公司停止使用。下列哪一选项是正确的？（　　）

A. 广告语属于商务用语，不受著作权法保护

B. 甲公司享有广告语的著作权

C. 乙享有广告语的著作权，但其主张已超过诉讼时效

D. 乙享有广告语的著作权，但甲公司可以在其商业活动中使用该广告语

32. 某出版社出版了一本学术论文集，专门收集国内学者公开发表的关于如何认定和处理侵犯知识产权行为的论文或论文摘要。该论文集收录的论文受我国著作权法保护，其内容选择和编排具有独创性。下列哪一说法是正确的？（　　）

A. 被选编入论文集的论文已经发表，故出版社不需征得论文著作权人的同意

B. 该论文集属于学术著作，具有公益性，故出版社不需向论文著作权人支付报酬

C. 他人复制该论文集只需征得出版社同意并支付报酬

D. 如出版社未经论文著作权人同意而将有关论文收录，出版社对该论文集仍享有著作权

33. 甲、乙合作创作了一部小说，后甲希望出版小说，乙无故拒绝。甲把小说上传至自己博客并保留了乙的署名。丙未经甲、乙许可，在自己博客中设置链接，用户点击链接可进入甲的博客阅读小说。丁未经甲、乙许可，在自己博客中转载了小说。戊出版社只经过甲的许可就出版了小说。下列哪一选项是正确的？（　　）

A. 甲侵害了乙的发表权和信息网络传播权

B. 丙侵害了甲、乙的信息网络传播权

C. 丁向甲、乙寄送了高额报酬，但其行为仍然构成侵权

D. 戊出版社侵害了乙的复制权和发行权

34. 某电影公司委托王某创作电影剧本，但未约定该剧本著作权的归属，并据此拍摄电影。下列哪一未经该电影公司和王某许可的行为，同时侵犯二者的著作权？（　　）

A. 某音像出版社制作并出版该电影的 DVD

B. 某动漫公司根据该电影的情节和画面绘制一整套漫画，并在网络上传播

C. 某学生将该电影中的对话用方言配音，产生滑稽效果，并将配音后的电影上传网络

D. 某电视台在"电影经典对话"专题片中播放 30 分钟该部电影中带有经典对话的画面

多项选择题

1. 我国法律规定的作者可以是（　　）。

A. 中国公民　　　B. 法人　　　C. 非法人组织　　　D. 外国人

2. 下列作品中单位享有著作权的有（　　）。

A. 技术员关某利用单位的大型电子计算机完成的某大楼工程设计图纸，并由单位承担责任

B. 程序员朱某利用公司电脑为所在公司开发的一套计算机软件，就其软件之瑕疵公司承担责任

C. 李某按合同约定完成的民法教材一部，合同约定著作权由其所在的教研室享有

D. 王某根据所在单位（某市作协）布置的工作任务完成的短篇小说一篇

3. 某单位委托无业人员苏某在该单位办公大楼前的喷水池里制作雕塑一座，但委托合同未写明著作权的归属，则该雕塑的著作权应（　　）。

A. 归苏某享有　　　　　　　　　　　　B. 由该委托单位享有

C. 由单位享有著作权，苏某享有署名权　　D. 当事人能达成补充协议的，依协议

4. 罗某与刘某合作创作了一座巨型雕塑，则下列说法正确的有（　　）。

A. 该作品的著作权由二人共同享有

B. 在二人中后去世者去世后 50 年，二人对该作品的著作权将不再受法律保护

C. 对著作权的行使，二人应协商一致

D. 若不能就该作品著作权的行使协商一致，任何一人均不能行使该作品的著作权

5. 张某为某电视连续剧创作主题歌一首，则其（　　）。

A. 享有在该电视连续剧中的署名权

B. 享有对该主题歌的著作权

C. 仅享有对该主题歌的署名权

D. 与制片人及其他作者共同享有整个电视连续剧这一合作作品的著作权

6. 依据我国著作权法的规定，下列哪些单位可以成为著作权主体？（　　）

A. 全民所有制企业　　　　　　　　B. 依法经核准登记的社会团体

C. 取得营业执照的私人企业　　　　D. 组成法人的各个部门或者分支机构

7. 1980 年王某与李某合著《荒原之恋》，该作品的著作权人包括（　　）。

A. 王某　　　　　　　　　　　　B. 李某

C. 王某健在时王某之子　　　　　D. 李某死亡之后李某之子

8. 工程师何某利用本单位的物质技术条件，编制计算机财务管理软件一个，该单位决定销售该软件，并承担全部责任。依照法律（　　）。

A. 该软件著作权全部归本单位享有　　　B. 单位可对何某予以奖励

C. 何某仅享有该软件署名权　　　　　　D. 该软件发表权归何某享有

9.《著作权法》第 2 条第 3 款规定："外国人、无国籍人的作品首先在中国境内出版的，依照本法享有著作权。"以下各项中，哪些属于这一规定的范围？（　　）
  A. 外国人未发表的作品以合法方式首先在中国境内出版的
  B. 外国人作品在中国境外首先出版后，30 天内在中国境内出版的
  C. 外国人已发表的作品经授权注释、整理后首先在中国境内出版的
  D. 外国人未发表的作品经授权改编、翻译后首先在中国境内出版的

10. 公民甲系某国有企业职工，完成了一项单位交办的产品设计图纸的任务，（　　）。
  A. 公民甲依法享有该产品设计图纸的署名权
  B. 公民甲依法享有该产品设计图纸的发表权
  C. 该国有企业依法享有该产品设计图纸的发表权
  D. 该国有企业依法对该产品设计图纸承担责任

11. 甲将《孙子兵法》的古文予以整理、注释后出版，乙经甲同意将其译成法文。下列选项正确的是（　　）。
  A. 甲对《孙子兵法》注释本享有版权
  B. 出版社要出版乙的书应征得甲和乙的同意
  C. 乙有权禁止他人再将《孙子兵法》译成外国文字
  D. 乙对法文版的《孙子兵法》享有版权

12. 甲、乙二人合作编写一本书，甲负责撰写总则部分，乙负责撰写分则部分，下列说法正确的有（　　）。
  A. 甲、乙都有权单独使用对方撰写的部分
  B. 甲、乙各有权对自己创作的部分单独行使著作权
  C. 本书为甲、乙创作的可分割使用的合作作品
  D. 本书的著作权应属于甲乙共同享有

13. 下列哪些作品能视为在中国首次发表？（　　）
  A. 英国人 M 著有一本《人生之路》。2024 年 5 月 20 日在英国出版发行。同年 6 月 15 日，又在中国的出版社出版
  B. 美国教授 H 著有一本《美国合同法律制度》。在发表之前，授权其好友曹某将该书翻译成中文，在中国发表。2024 年 2 月 3 日，该书在中国出版，同年 3 月 3 日，该书在美国出版
  C. 日本作家井上的小说《早春》2024 年 8 月在日本出版，但未在中国出版。2025 年 3 月，中国翻译家郑某将其翻译成中文首次在中国出版
  D. 韩国作家李某的小说在韩国尚未出版，即在中国出版发行

14. 甲提供资金，乙组织丙和丁以乡村教师戊为原型创作小说《小河弯弯》。在创作中丙写提纲，丁写初稿，丙修改，戊提供了生活素材，乙提供了一些咨询意见。下列哪些选项是错误的？（　　）
  A. 甲提供资金是完成创作的保障，应为作者
  B. 乙作为组织者并提供咨询意见，应为作者
  C. 戊提供了生活素材，应为作者
  D. 丁有权不经甲、乙、丙的同意发表该小说

15. 居住在 A 国的我国公民甲创作一部英文小说，乙经许可将该小说翻译成中文小说，丙经许可将该翻译的中文小说改编成电影文学剧本，并向丁杂志社投稿。下列哪些说法是错误的？（　　）

A. 甲的小说必须在我国或 A 国发表才能受我国著作权法保护
B. 乙翻译的小说和丙改编的电影文学剧本均属于演绎作品
C. 丙只需征得乙的同意并向其支付报酬
D. 丁杂志社如要使用丙的作品还应当分别征得甲、乙的同意，但只需向丙支付报酬

16. 甲作曲、乙填词，合作创作了歌曲《春风来》。甲拟将该歌曲授权歌星丙演唱，乙坚决反对。甲不顾反对，重新填词并改名为《秋风起》，仍与丙签订许可使用合同，并获报酬 10 万元。对此，下列哪些选项是正确的？（　　）
A.《春风来》的著作权由甲、乙共同享有
B. 甲侵害了《春风来》歌曲的整体著作权
C. 甲、丙签订的许可使用合同有效
D. 甲获得的 10 万元报酬应合理分配给乙

17. 朱某为法学院退休教授，陈某经朱某同意将其退休之前演讲的录音资料汇编为文字出版，在汇编时，陈某还邀请许某就该书的典故、渊源、专业术语等作了注释，形成完整的体系。其后，陈某与甲出版社就该书签订专有出版合同。在图书出版后，乙网络平台未经许可发布该书的电子版。乙网络平台侵犯了下列哪些主体的权利？（　　）
A. 侵犯了朱某的著作权
B. 侵犯了陈某的著作权
C. 侵犯了许某的著作权
D. 侵犯了出版社的专有出版权

18. 甲委托乙按照甲的经历写了一本自传体小说，双方并未约定报酬以及著作权的归属。小说完成后尚未发表，乙外出旅行时遇意外事故死亡。乙的儿子丙拿到该小说原稿后私自联系出版社出版，并且署上了自己的名字。甲的儿子丁发现后提出异议并向法院提起了诉讼。关于本案，下列哪些说法是正确的？（　　）
A. 丙有权要求丁支付适当的报酬
B. 丙并未侵犯该小说的署名权
C. 该小说的著作财产权归丙
D. 该小说的著作财产权归丁

名词解释

1. 合作作品
2. 职务作品
3. 外国作品
4. 汇编作品

简答题

1. 甲为乙画肖像画后，将原件给乙，自己留下复印件。
（1）甲和乙对肖像画各享有何种权利？
（2）甲和乙在行使各自权利时有何限制？
2. 根据我国著作权法，如何确定自然人为作品的作者？
3. 简述职务作品的概念和著作权归属。
4. 分析影视作品中的法律关系。

案例分析题

1. 诗人甲写了一部抒情长诗并由某出版社出版，一时成为市场的畅销书，其好友乙经甲同意，将该诗文改编成歌剧，并同作曲家丙协商谱曲。歌剧完成后，乙丙二人将歌剧独家转让给本

市歌舞剧团演出，因剧情感人，乐曲优美动听，剧团的卖座率很高，乙丙二人亦获得丰厚酬金。不久，该省电视台决定将歌剧搬上屏幕，与乙丙签订合同，将歌剧转让给电视台使用，由电视台改编成12集电视连续剧，播放效果亦佳，相继又有几家电视台转播。诗人甲认为，歌剧取材于他的原作，他只同意由乙改编，理应由甲乙二人共享著作权，而乙只付给少量报酬了事。乙丙私下与歌舞剧团签约使用他的作品获利，又将该歌剧交电视台再改编成电视剧，自己只落得个署名权。甲认为这两件改编作品应为三人共同享有著作权，在未经本人同意的情况下，就私自利用该作品，是乙丙侵犯了其著作权。乙丙认为改编与谱曲是他们单独劳动的成果，出让歌剧的表演权、改编权与制版权只是他们二人共有的著作权，并不侵害甲的著作权。因争议无法解决，甲向某省版权管理机关提出申诉，要求追究乙丙二人的侵权责任，并宣布演出合同与播放合同无效，在得到损害赔偿之前，该歌剧和电视剧必须停演、停播。

请分析并简要回答以下问题：
（1）甲乙丙三人是否共有该歌剧的著作权？
（2）歌剧作者与剧团的演出合同是否合法？是否构成侵权？
（3）电视台将歌剧改编为电视剧是否侵犯诗人甲的著作权？
（4）版权管理机关对甲的申诉应否支持？

2. 甲写了10万余字的《蚂蚁上树的观察报告》，在与同事乙、丙、丁共同研究多次后，甲将内容增加到100万余字，并与乙、丙、丁约定四人均为主编，再各自负责拉赞助人，每一赞助人均为副主编。后甲联系某出版社出版。协议签订后，确定戊等6人作为该书的副主编。现问：
（1）该书的著作权人是谁，为什么？
（2）戊等6人作为副主编，向人民法院要求确认其享有著作权，可否得到支持？

3. 2024年春节期间，曲作家兼剧作家赵某听老友钱某谈其赴某海岛采风收获，为钱某采录的当地民间传说和民谣曲调所陶醉，顿生灵感，遂以钱某采录的民谣曲调为基础，又根据钱某采集的民间传说，写成了大型歌剧《长岛渔歌》（以下简称岛剧）。在编剧过程中，赵某曾多次借用钱某录采的民谣录音磁带，后为方便，遂自行复制了一套。

赵某的女友、A省艺术学院音乐系主任、著名歌唱家孙教授，在岛剧编定过程中，给予赵某热情鼓励，并提了一些有益建议。岛剧写成后，赵某在剧本手稿封面写上"谨以此剧献给阿芳"（孙某的昵称），并邀孙某领衔主演。孙某不负重托，经反复排练，于2024年5月31日进行最后彩排，听取有关专家意见，以便早日公演。A省艺术学院电化教育馆对彩排的全过程做了录音录像。

钱某作为专家，应邀观看彩排。他看后即抗议该剧剽窃了他的创作成果，并为赵某擅自复制其民谣磁带的行为与赵某发生争执。

彩排后赵某陪孙某回家，遭遇车祸，二人同时罹难。

一年后，A省文联举行"孙某教授周年祭"活动，A省文化和旅游厅组织省内外艺术家联袂演出岛剧，由孙某的学生李某领衔主演。为更好地宣传党的政策，演出组织者对剧本和曲谱作了必要修改。演出前，全体出演职员一致决定，不收取报酬，演出收入用来建立"孙某音乐教育基金"。首次公演大获成功。在省城连演数场后，又赴首都和邻省巡演，共获收入30万元。基金会遂告成立。

A省电视台从省文联获得专有性广播权，现场直播了岛剧首场演出实况。主演李某抗议A省文联无权许可电视转播，并要求A省电视台赔偿损失。

S、H、T三省电视台也做了岛剧的转播工作。经查，除T省电视台是由A省艺术学院电化教育馆提供的孙某彩排演出实况录音录像资料外，S省、H省电视台均系自行录制A省电视台节目而转播的。此外，A省艺术学院电化教育馆在教学中，曾多次播放其录制的岛剧彩排的全部实况。

请回答下列问题：（1）A. 赵某复制钱某采风录音带的行为是否构成侵犯著作权或者与著作权有关权益的行为？B. 如赵某的行为不构成侵权，请说明理由；如赵某的行为已构成侵权，请说明侵犯了何种具体的权利。

（2）A. 赵某在岛剧创作中对钱某采风资料的利用是否构成侵犯著作权或者与著作权有关权益的行为？B. 如赵某的行为不构成侵权，请说明理由；如赵某的行为已构成侵权，请说明侵犯了谁的哪些具体的权利。

（3）A. 赵某"谨以此剧献给阿芳"的题词是否表示将岛剧的全部著作权转移给孙某？B. 为什么（请说明理由）？

（4）A. A省艺术学院电化教育馆录制孙某主演的岛剧彩排实况是否构成侵犯著作权或者与著作权有关权益的行为？B. 如不构成侵权，请说明理由；如已构成侵权，请说明侵犯了谁的哪些具体的权利？

（5）A. A省艺术学院电化教育馆在教学中多次播放已故孙某主演的岛剧彩排录像是否构成侵犯著作权或者与著作权有关权益的行为？B. 如不构成侵权，请说明理由；如已构成侵权，也请说明理由。

（6）A. A省文化和旅游厅组织演出岛剧是否构成侵犯著作权或者与著作权有关权益的行为？B. 如不构成侵权，请说明理由；如已构成侵权，请说明侵犯了谁的哪些具体的权利。

（7）A. 李某等表演者演出岛剧是否构成侵犯著作权或者与著作权有关权益的行为？B. 如不构成侵权，请说明理由；如已构成侵权，请说明侵犯了谁的哪些具体的权利。

（8）A. 演出组织者对岛剧的修改是否构成侵犯著作权或者与著作权有关权益的行为？B. 如不构成侵权，请说明理由；如已构成侵权，请说明侵犯了谁的哪些具体权利。

（9）A. A省电视台现场直播岛剧演出实况是否构成侵犯著作权或者与著作权有关权益的行为？B. 侵犯了谁的哪些权利？

（10）A. A省文联许可A省电视台专有性现场直播是否构成侵犯著作权或者与著作权有关权益的行为？B. 如不构成侵权，请说明理由；如已构成侵权，请说明侵犯了谁的哪些具体的权利。

（11）A. S、H两省电视台对岛剧的转播是否构成侵犯著作权或者与著作权有关权益的行为？B. 如不构成侵权，请说明理由；如已构成侵权，请说明侵犯了谁的哪些具体的权利。

（12）A. T省电视台对岛剧彩排实况的转播是否构成侵犯著作权或者与著作权有关权益的行为？B. 如不构成侵权，请说明理由；如已构成侵权，请说明侵犯了谁的哪些具体的权利。

第三章 著作权的内容

基础知识图解

著作权的内容
- 著作人身权
  - ①发表权：决定作品是否公之于众的权利
  - ②署名权：表明作者身份，在作品上署名的权利
  - ③修改权：修改或者授权他人修改作品的权利
  - ④保护作品完整权：保护作品不受歪曲、篡改的权利
- 著作财产权
  - ①复制权：以印刷、复印、拓印、录音、录像、翻录、翻拍、数字化等方式将作品制作一份或者多份的权利
  - ②发行权：以出售或者赠与方式向公众提供作品的原件或者复制件的权利
  - ③出租权：有偿许可他人临时使用视听作品、计算机软件的原件或者复制件的权利
  - ④展览权：公开陈列美术作品、摄影作品的原件或者复制件的权利
  - ⑤表演权：公开表演作品，以及用各种手段公开播送作品的表演的权利
  - ⑥放映权：通过放映机、幻灯机等技术设备公开再现美术、摄影、视听作品等的权利
  - ⑦广播权：以有线或者无线方式公开传播或者转播作品，以及通过扩音器或者其他传送符号、声音、图像的类似工具向公众传播广播的作品的权利，但不包括《著作权法》第10条第1款第12项规定的权利
  - ⑧信息网络传播权：以有线或者无线方式向公众提供，使公众可以在其选定的时间和地点获得作品的权利
  - ⑨摄制权：以摄制视听作品的方法将作品固定在载体上的权利
  - ⑩改编权：改变作品，创作出具有独创性的新作品的权利
  - ⑪翻译权：将作品从一种语言文字转换成另一种语言文字的权利
  - ⑫汇编权：将作品或者作品的片段通过选择或者编排，汇集成新作品的权利
  - ⑬其他权利：应当由著作权人享有的其他权利
- 著作权的保护期

配套测试

☑ 单项选择题

1. 下列权利中，属于著作人身权的是（　　）。
A. 发行权　　　　　　B. 复制权　　　　　　C. 出版权　　　　　　D. 发表权

2. 公民的作品，其发表权、使用权和获取报酬权的保护期为（　　）。
A. 作者终生　　　　　　　　　　　　B. 作者死亡后 50 年
C. 作者终生及死亡后 50 年　　　　　D. 不受限制

3. 法律、行政法规规定或者合同约定著作权由法人或者非法人单位享有的职务作品的作者只有（　　）。
A. 署名权　　　　B. 发表权　　　　C. 使用权　　　　D. 获得物质报酬权

4. 公民甲生前有大量作品问世，一部分已经发表，还有一些没有发表。2022 年 12 月 20 日，公民甲去世，根据法律规定，公民甲的未发表作品的著作权，（　　）。
A. 其署名权的保护期至 2072 年 12 月 31 日
B. 其修改权的保护期至 2072 年 12 月 31 日
C. 其保护作品完整权的保护期至 2072 年 12 月 31 日
D. 其发表权、使用权和获得报酬权的保护期至 2072 年 12 月 31 日

5. 一部作者身份不明的文学作品，依照法律规定，对其使用权和获得报酬权的保护期为（　　）。
A. 50 年，截止于作品首次发表后的第 50 年的 12 月 31 日
B. 作者终生及死亡后 50 年，截止于作者死亡后第 50 年的 1 月 1 日
C. 50 年，截止于最后死亡的作者死亡后第 50 年的 12 月 31 日
D. 50 年，但作品自创作完成后 50 年内未发表的不予保护

6. 某图书馆将国家图书馆的馆藏图书制作成数据库在互联网上供公众有偿阅读，则该图书馆没有侵犯的权利是（　　）。
A. 图书作者的复制权　　　　　　　B. 图书作者的发表权
C. 图书作者的网络传播权　　　　　D. 图书作者的保护作品完整权

7. 计算机软件著作权的保护期为（　　）。
A. 25 年　　　　　　　　　　　　B. 50 年
C. 作者终生及死后 50 年　　　　　D. 不受限制

8. 王某和张某合作创作了一部小说，王某先死亡。根据《著作权法》的规定，对该作品的保护期表述正确的是（　　）。
A. 对该作品的著作权的保护期为王某死亡后第 50 年的 12 月 31 日
B. 对该作品的著作权的保护期为张某死亡后第 50 年的 12 月 31 日
C. 对该作品的发表权和财产权利的保护期为王某死亡后的第 50 年的 12 月 31 日
D. 对该作品的发表权和财产权利的保护期为张某死亡后的第 50 年的 12 月 31 日

9. 甲电视台经过主办方的专有授权，对篮球俱乐部联赛进行了现场直播，包括在比赛休息时舞蹈演员跳舞助兴的场面。乙电视台未经许可截取电视信号进行同步转播。关于乙电视台的行为，下列哪一表述是正确的？（　　）
A. 侵犯了主办方对篮球比赛的著作权　　　B. 侵犯了篮球运动员的表演者权

C. 侵犯了舞蹈演员的表演者权　　　　　　D. 侵犯了主办方的广播组织权

10. 小说《一言难尽》的作者甲与话剧团乙签订一份著作权许可使用合同，约定乙在自合同生效之日起3年内享有专有改编权。下列哪一选项是正确的？（　　）

A. 甲已将保护作品完整权在约定期限内转让给乙

B. 乙获得的权利是著作权中的财产权

C. 在约定期限内，甲无权再许可第三人使用该小说

D. 乙可以将改编权再许可给第三人

11. 甲、乙、丙、丁相约勤工俭学。下列未经著作权人同意使用他人受保护作品的哪一行为没有侵犯著作权？（　　）

A. 甲临摹知名绘画作品后廉价出售给路人

B. 乙收购一批旧书后廉价出租给同学

C. 丙购买一批正版录音制品后廉价出租给同学

D. 丁购买正版音乐CD后在自己开设的小餐馆播放

12. 清风艺术馆将其收藏的一批古代名家绘画扫描成高仿品，举办了"古代名画精品展"，并在入场券上以醒目方式提示"不得拍照、摄影"。唐某购票观展时趁人不备拍摄了展品，郑某则购买了该批绘画的纸质高仿版，扫描后将其中"清风艺术馆珍藏、复制必究"的标记清除。事后，唐某、郑某均在某电商网站出售各自制作的该批绘画的高仿品，也均未注明来源于艺术馆。艺术馆发现后，向电商网站发出通知，要求立即将两人销售的高仿品下架。对此，下列哪一说法是正确的？（　　）

A. 唐某、郑某侵犯了艺术馆的署名权

B. 郑某实施了删除权利管理信息的违法行为

C. 唐某未经许可拍摄的行为构成违约

D. 电商网站收到通知后如不采取措施阻止唐某、郑某销售该高仿品，应向艺术馆承担赔偿责任

13. 作家张某于1973年去世。2022年12月，某出版社对张某生前已发表的作品进行汇编出版。2023年，该事实被张某的儿子张甲发现，张甲向出版社写信要求停止出版，出版社回复称自己的出版行为没有问题，并且全部出版作品已销售完毕。2024年，张某的儿子张乙在书店发现了出版社的这本书，遂和张甲一起起诉至法院。关于本案，下列哪一说法是正确的？（　　）

A. 出版社侵犯了已故张某的著作人身权

B. 出版社侵犯了张甲和张乙的著作财产权

C. 书店侵犯了已故张某的著作人身权

D. 书店侵犯了张甲和张乙的著作财产权

多项选择题

1. 下列作品已过保护期限的有（　　）。

A. 某大学民法教研室52年前创作了《民法学》一书，但一直未发表

B. 李某在1949年开国大典时照了一组相片，但一直未发表，现李某仍在世

C. 王某、刘某合著法学著作一套，王某于52年前去世，刘某于40年前去世

D. 某研究院于55年前完成某工程设计图纸一套，于49年前在某杂志上发表

2. 署名权的内容包括：作者有权（　　）。

A. 决定是否署名　　　　　　　　　　　B. 署真实姓名

C. 署笔名、别名　　　　　　　　　　　D. 署他人姓名

3. 著作权中的使用权包括（　　）。

A. 以复制、表演、播放、展览、发行等方式使用作品的权利

B. 以摄制电影、电视、录像方式使用作品的权利

C. 以改编方式使用作品的权利

D. 许可他人以翻译、编辑形式使用作品的权利

4. 下列属于著作权内容的权利是（　　）。

A. 人身权　　　　　　　　　　　B. 财产权

C. 不署名的权利　　　　　　　　D. 发行权

5. 合作作品的（　　）的保护期截止于最后死亡的作者死亡后的第50年的12月31日。

A. 署名权　　　　　　　　　　　B. 发表权

C. 使用权　　　　　　　　　　　D. 获得报酬权

6. （　　）的行为是作者行使发表权的体现。

A. 向报纸杂志投稿　　　　　　　B. 不允许出版社将其手稿出版

C. 修改已经发表的作品　　　　　D. 不允许他人引用自己的作品

7. 软件著作权人享有下列各项权利：（　　）。

A. 发表权　　　　　　　　　　　B. 开发者身份权

C. 使用权、转让权　　　　　　　D. 使用许可权和获得报酬权

8. 作者的（　　）保护期不受限制。

A. 获得报酬权　　　　　　　　　B. 署名权

C. 修改权　　　　　　　　　　　D. 保护作品完整权

9. 一部作者身份不明的文学作品，依照法律规定，关于其著作权的归属的陈述正确的有（　　）。

A. 作者身份不明的作品的保护期为50年，截止于作品首次发表后的第50年的12月31日

B. 作者身份不明的作品的保护期为作者终生及死亡后50年，截止于作者死亡后第50年的12月31日

C. 作者身份不明的作品的著作权中的人身权，除署名权外全部由原件的合法持有人行使

D. 作者身份不明的作品的著作权的财产权由原件的合法持有人行使，但是人身权不能行使

10. 下列属于著作权法保护对象的有（　　）。

A. 广播电视节目　　　　　　　　B. 表演

C. 文学艺术作品　　　　　　　　D. 录音录像制品

11. A省艺术学院民间艺术系刘教授经多年收集、整理，将一四川民间传说创作成评书《巫山神女》，同时录制成CD上市发行。书商杨某根据录音记录成书，出版了同名小说《巫山神女》，署名为杨某。下列选项中正确的有（　　）。

A. 评书《巫山神女》为刘教授创作的曲艺作品，应受著作权保护

B. 民间传说不是作品，故对《巫山神女》的故事任何人均可利用

C. 杨某未经许可，将录音记录作为自己的作品出版，侵犯了刘教授的著作权

D. 杨某将民间传说改编为小说，是独立创作行为，并未侵犯刘教授的著作权

12. 根据我国《著作权法》的规定，著作人身权包含（　　）。

A. 发表权　　　　　　　　　　　B. 署名权

C. 修改权　　　　　　　　　　　D. 保护作品完整权

13. 复制权是著作权中非常重要的一项权利，下列对作品的使用属于复制的是（　　）。

A. 印刷、复印、拓印　　　　　　B. 录音、录像

C. 翻录、翻拍　　　　　　　　　　　　D. 数字化

14. 王琪琪（化名）在某网站中注册了昵称为"小玉儿"的博客账户，长期以"小玉儿"名义发博文。其中，署名"小玉儿"的《法内情》短文被该网站以写作水平不高为由删除；署名"小玉儿"的《法外情》短文被该网站添加了"作者：王琪琪"字样。关于该网站的行为，下列哪些表述是正确的？（　　）

A. 删除《法内情》的行为没有侵犯王琪琪的发表权
B. 删除《法内情》的行为没有侵犯王琪琪的信息网络传播权
C. 添加字样的行为侵犯了王琪琪的署名权
D. 添加字样的行为侵犯了王琪琪的保护作品完整权

15. 甲创作并演唱了《野鸡也有春天》，乙公司擅自将该歌曲制成彩铃在网络上供用户免费下载。乙公司侵犯了甲的哪些权利？（　　）

A. 信息网络传播权　　　　　　　　　　B. 广播权
C. 表演者权　　　　　　　　　　　　　D. 发行权

16. 王某创作歌曲《唱来唱去》，张某经王某许可后演唱该歌曲并由花园公司合法制作成录音制品后发行。下列哪些未经权利人许可的行为属于侵权行为？（　　）

A. 甲航空公司购买该正版录音制品后在飞机上播放供乘客欣赏
B. 乙公司购买该正版录音制品后进行出租
C. 丙学生购买正版的录音制品后用于个人欣赏
D. 丁学生购买正版录音制品试听后将其上传到网络上进行传播

17. 应出版社约稿，崔雪（化名）创作完成一部儿童题材小说《森林之歌》。为吸引儿童阅读，增添小说离奇色彩，作者使用笔名"吹雪"，特意将小说中的狗熊写成三只腿的动物。出版社编辑在核稿和编辑过程中，认为作者有笔误，直接将"吹雪"改为"崔雪"、将狗熊改写成四只腿的动物。出版社将《森林之歌》批发给书店销售。下列哪些说法是正确的？（　　）

A. 出版社侵犯了作者的修改权　　　　　B. 出版社侵犯了作者的保护作品完整权
C. 出版社侵犯了作者的署名权　　　　　D. 书店侵犯了作者的发行权

名词解释

1. 著作人身权
2. 著作财产权
3. 署名权
4. 保护作品完整权
5. 信息网络传播权

简答题

1. 简述署名权与姓名权的区别。
2. 简述著作权的取得条件。
3. 试分析著作人身权与人身权的关系。
4. 试分析署名权与姓名权的关系。
5. 试分析修改权和保护作品完整权的关系。
6. 简述发表权的特征。

第四章 邻 接 权

基础知识图解

邻接权 ┬ 概念
　　　 ├ 产生的原因和意义
　　　 ├ 与著作权的联系和区别
　　　 └ 内容 ┬ 表演者权
　　　　　　　├ 录音制品作者的权利
　　　　　　　├ 广播电台、电视台播放权
　　　　　　　└ 出版者的权利

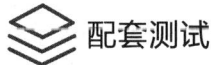

配套测试

单项选择题

1. 著作邻接权是（　　）所享有的权利。
　A. 作品的作者　　　　　　　　　　B. 作品的著作权人
　C. 作品原件的所有权人　　　　　　D. 作品的传播者

2. 下列属于著作邻接权的是（　　）。
　A. 出版权　　　　　　　　　　　　B. 表演者权
　C. 录音、录像权　　　　　　　　　D. 播放权

3. 甲电视台获得 2022 年卡塔尔世界杯足球赛 A 队与 B 队比赛的现场直播权。乙电视台未经许可将甲电视台播放的比赛实况予以转播，丙电视台未经许可将乙电视台转播的实况比赛录制在音像载体上以备将来播放，丁未经许可将丙电视台录制的该节目复制一份供其儿子观看。下列哪种说法是正确的？（　　）
　A. 乙电视台侵犯了 A 队和 B 队的表演者权
　B. 甲电视台有权禁止乙电视台的转播行为
　C. 丙电视台的录制行为没有侵犯甲电视台的权利
　D. 丁的行为侵犯了甲电视台的复制权

4. 甲创作一首歌曲，乙在某商业场合对其进行了演唱，丙公司将乙的演唱制成唱片，丁酒店把该唱片买回后在酒店大厅作为背景音乐播放，戊广播电台在电视栏目中进行了播出。下列哪一项说法是正确的？（　　）
　A. 乙演唱该歌曲需要经过甲的同意并支付报酬
　B. 丙公司把乙的演唱制成唱片，不需要经过甲的同意并支付报酬
　C. 丁酒店在酒店大厅将该歌曲作为背景音乐播放，不需要经过甲的同意并支付报酬

D. 戊广播电台的播放行为需要经过甲的同意并支付报酬

多项选择题

1. 表演者对其表演享有（   ）。
A. 表明表演者身份权
B. 财产权
C. 人身权
D. 许可他人从现场直播权

2. 表演者使用他人已发表的作品演出（   ）。
A. 应当取得著作权人许可
B. 不必支付报酬
C. 可以不经著作权人许可，但著作权人声明不许使用的不得使用
D. 应按照规定支付报酬

3. "与著作权有关的权益"是指（   ）。
A. 出版者权
B. 表演者权
C. 录音录像制作者权
D. 广播电视组织者权

4. 花江县电视台将盘江县电视台播放的电视剧收录下来，然后在本县电视台播放。对于花江县电视台的做法，下列说法正确的有（   ）。
A. 侵犯了盘江县电视台的播放权
B. 不应由著作权法调整，因为电视节目并非作品
C. 侵犯了电视剧制作者的播放权
D. 属于合理使用作品，未侵犯任何人的著作权

5. 作者甲将自己创作的一部小说交乙出版社出版，但双方始终未签订出版合同。事后，该作者又与丙出版社签订了专有出版合同，将此书交丙出版。现乙对甲和丙提出异议。本案依法应如何认定？（   ）
A. 甲的行为属一稿多投，侵犯了乙的权利
B. 丙明知乙已出版此书，仍与甲签订出版合同，属侵权行为
C. 甲的行为并不违法
D. 乙应当尊重丙的专有出版权，不得再出版此书

6. 甲电视台获得了某歌星演唱会的现场直播权，乙电视台未经许可对甲电视台直播的演唱会实况进行转播，丙广播电台经过许可将现场演唱制作成CD，丁音像店从正规渠道购买到CD用于出租，戊未经许可将丙广播电台播放的演唱会录音录下后上传到网站上传播。下列哪些选项是正确的？（   ）
A. 甲电视台有权禁止乙电视台的转播
B. 乙电视台侵犯了该歌星的表演者权
C. 丁音像店应取得该歌星或丙广播电台的许可并向其支付报酬
D. 戊的行为应取得丙广播电台的许可并应向其支付报酬

7. 作曲家甲创作了一首歌曲《做个人吧》，唱片公司乙经甲同意并请歌星丙演唱，将该歌和其他歌曲一起制作成DVD唱片。某酒店将合法购买的该正版DVD唱片在其咖啡厅播放。关于该酒店行为的定性，下列哪些选项是错误的？（   ）
A. 侵犯了甲的表演权
B. 侵犯了乙的录制者权
C. 侵犯了丙的表演者权
D. 合法行为

名词解释

1. 邻接权
2. 表演者权

简答题

1. 简述邻接权与著作权的区别。
2. 表演者的权利有哪些？
3. 简述邻接权的内容。

案例分析题

1. 2024年9月9日，某自治州举行州庆十周年文艺晚会。歌星金某应邀参加演出，并演唱了两首歌曲。当地电视台为报道这次州庆活动，在现场报道时，也摄进了金某演唱的3个镜头。同时在当地电视台"×州新闻"节目中予以播放。金某认为：电视台未经其许可，擅自现场直播表演，侵犯了其权利，要求电视台停止侵权，公开赔礼道歉，并支付报酬1000元，赔偿损失2000元。电视台不承认侵权，认为这纯属新闻报道，拒绝了金某的要求。金某于是诉诸法院。

问：电视台是否侵犯了金某的权益？

2. 甲受盘山电视台的委托为该电视台摄制的电视剧《遍地菊花开》创作插曲4首，全部词曲及演唱者均为甲。在该剧播放之前，甲将4首插曲交给广州一家音像公司出版发行，对该剧的播映有一定的影响。电视台在正式播放该剧时，删除了词、曲和演唱者的署名。

问：电视台对其制作的电视剧享有哪些权利，法理依据是什么？电视台删除甲的署名的行为是否合法？甲对该剧享有哪些权利，对4首插曲享有何种权利？

第五章 著作权的限制

基础知识图解

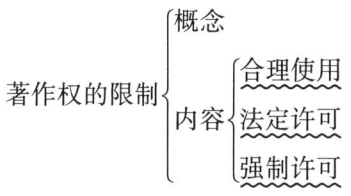

配套测试

单项选择题

1. 关于修改权，下列说法正确的是（   ）。
A. 修改权限于作者本人行使
B. 图书出版者可以对作品进行文字性修改、删节
C. 报社、杂志社可以对作品进行文字性修改、删节
D. 报社、杂志社对作品修改，应当取得作者许可

2. 合理使用是指在法律规定的条件下，（   ），他人可以利用受著作权保护的作品。
A. 事先征得著作权人的同意，并支付报酬
B. 事先征得著作权人的同意，不支付报酬
C. 事先无须征得著作权人的同意，并不支付报酬
D. 事先无须征得著作权人的同意，但要支付一定的报酬

3. 以下使用作品的行为，可以不经著作权人许可且不必支付报酬的是（   ）。
A. 将少数民族文字作品翻译成汉字出版发行
B. 将他人已出版的教材复制后卖给学生
C. 为介绍某一作品而适当引用
D. 在某音乐节（门票收费）表演已发表作品

4.《世界博览》杂志采写的报道和刊登的文章经常被其他报刊大量转载，为了维护自身利益和保证期刊质量，杂志社决定采取的以下哪种行为受著作权法保护？（   ）
A. 请作者发表不得转载的声明
B. 对来稿的内容进行认真修改
C. 要求作者不得以其他方式使用作品
D. 作品刊登后，杂志社保留作品再使用权

5. 王某是某外语学院的教师，他的英语口语教学方法独特，实用性强。一次，某职业大学聘请王某为学员讲课，在征得王某的同意后，将其讲课内容加工整理成 8 盒录音带，交某音像出版社出版，供该职业大学学员使用，付给了王某相应的报酬。某市属大学得知此事后，未征得王某的同意，

也未向其支付报酬，便将录音带复制了 800 套，供本校学生使用，下列说法正确的是（　　）。

A. 该市属大学的行为侵犯了王某的著作权

B. 该市属大学的行为属于合理使用

C. 如支付报酬，该市属大学就不构成侵权

D. 王某有权要求该大学停止复制行为，收回复制带

6. 下列行为中，实施哪一个行为无须获得著作权人的许可？（　　）

A. 将外国法学著作译成中文后，编成教学参考资料出版发行

B. 为报道新闻，在报纸上引用已发表的作品

C. 在报纸上刊登其他报社采写但尚未登出的新闻

D. 某电视台播放其他电视台制作的电视节目

7. 某图书馆复印室复制图书、报刊资料，由私人自费订购，该行为属于（　　）。

A. 为个人学习、研究、使用他人已发表的著作

B. 提供科研成果信息，为教学、科研服务

C. 未经著作权人许可，复制传播其作品

D. 未经著作权人许可，以营利为目的，复制发行其作品

8. 甲设计并雕刻了一尊造型别致的雄狮，置于店门口当街招揽顾客。下列哪一选项是正确的？（　　）

A. 甲将雄狮置于公共场所，视为放弃著作权

B. 乙以该雄狮为背景拍照纪念的行为不构成侵权

C. 丙可以将该雄狮作为范本制作和销售纪念品

D. 丁可以将该雄狮作为立体造型申请注册商标

9. 某杂志社出版的《天下事》是国内知名的时事类期刊，每期内容均精心挑选编排，采稿率仅为 10%，甲网站未经许可转载了该期刊每期所有文章，并且未标明出处和声明不得转载。后大量网民从甲网站下载了《天下事》里收录的文章。下列哪一项说法是正确的？（　　）

A. 甲网站侵犯了杂志社和作者的著作权

B. 甲网站只侵犯了作者的著作权

C. 如果甲网站给作者付费就不侵犯其著作权

D. 如果杂志社收录的文章未经作者同意，则甲网站不侵犯杂志社的著作权

✓ 多项选择题

1. 对作品合理使用时，（　　）。

A. 可不经著作权人许可

B. 可不向著作权人支付报酬

C. 可不提作者的姓名、名称

D. 应向著作权人支付报酬

2. （　　），属于对作品的合理使用。

A. 为个人学习，使用他人已发表作品的行为

B. 为便于课堂教学，复印了十几份他人已发表的作品供学生使用的行为

C. 某图书馆因部分图书复本不多，每本又复制了一份的行为

D. 使用已发表的作品进行营业性表演的行为

3. 广播、电视组织使用他人作品制作广播、电视节目时，（　　）。
A. 除法定可不支付报酬的情形外，应按规定支付报酬
B. 使用未发表的作品，应经著作权人许可
C. 使用已发表的作品，除著作权人声明不得使用的情形外，可不经著作权人许可
D. 使用演绎作品的，应向演绎作品的著作权人和原作品的著作权人支付报酬

4. 下列哪些行为属于著作权的合理使用范围？（　　）
A. 为个人学习研究或欣赏，使用他人已发表的作品
B. 将已发表的作品改成盲文出版
C. 复制他人一部已发表的作品 500 份出售给教学科研人员
D. 行政机关为普法宣传之用，印刷他人编写的《行政法教程》3000 本发给下级机关，并按每本 6 元人民币收费

5. 著作权人的限制，包括（　　）。
A. 署名限制　　　　　　　　　B. 保护期限制
C. 权能限制　　　　　　　　　D. 地域限制

6. 下列哪些行为不属于侵犯著作权的行为？（　　）
A. 某电视台为了报道油画展览的盛况，在电视新闻中播放了展览的油画
B. 某教授在世纪论坛上的演讲词被电台全文报道
C. 法院为了查证，将张某发表的文章复制了 3 篇
D. 出版社将用蒙文发表的作品翻译成汉文在国内出版发行

7. 以下哪些行为可以不经著作权人许可且不向其支付报酬？（　　）
A. 某剧团为捐助残疾人福利事业举行义演，表演他人已发表的剧本
B. 某大学为教学需要，将他人编写的教材复制后发给学生，收取工本费
C. 某作家将他人用汉语写作并已经发表的小说翻译成少数民族文字后在国内出版发行
D. 某公司将公共广场的雕塑作品拍照后制作成图片发行

8. 下列行为中，不属于侵犯著作权的行为有（　　）。
A. 使用他人作品未按照规定支付报酬
B. 为了教学和研究使用他人作品
C. 未经作者许可发表其作品
D. 为介绍、评价作品而引用作品

名词解释

法定许可使用

简答题

1. 简述著作权的"合理使用"。
2. 简述法定许可使用制度。
3. 简述著作权法定许可制度和合理使用制度的异同。

第六章 著作权的利用

基础知识图解

著作权的利用
- 集体管理制度
  - 概念
  - 集体管理组织
- 著作权的许可使用
  - 概念
  - 类型
  - 许可使用合同的内容
- 著作财产权的其他利用方式
  - 著作财产权的转让
    - 概念
    - 法律特征
    - 与许可使用的区别
  - 著作财产权的质押
    - 概念
    - 法律
  - 信托

配套测试

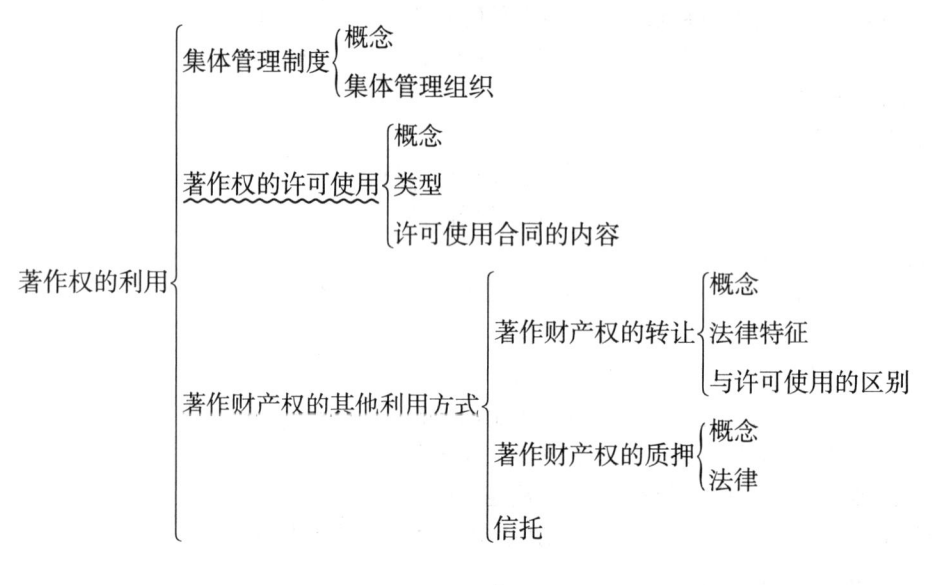

单项选择题

1. 著作权属于法人或非法人组织的，法人或非法人组织变更、终止后，其作品的使用权和获得报酬权在著作权法规定的保护期内，没有承受其权利义务的法人或非法人组织的，该权利由（　　）享有。

A. 完成创作该作品的自然人或其他自然人

B. 下令该法人或非法人单位撤销或终止的单位

C. 社会

D. 国家

2. 著作权许可使用合同（　　）。

A. 须一律采取书面形式

B. 有效期限不得超过 20 年

C. 未明确约定授予专有使用权的，使用者仅得到非专有使用权

D. 仅可由作者与被许可人订立

3. 公民刘某生前发表一部文学著作，在社会上极为轰动。2025 年 5 月 4 日刘某死亡，根据《著作权法》的规定，（　　）。

A. 该作品的修改权由其继承人所有

B. 该作品的修改权由国家所有
C. 该作品的使用权和获得报酬权在法律规定的保护期内，依法转移
D. 该作品著作权中的人身权利经过 50 年后将不受保护

4. 某期刊社 2024 年 4 月 9 日收到某作家快递寄来的一部小说稿，至同年 5 月 9 日，该期刊社未给予某作家任何答复。对于上述情况，下列说法哪一个是正确的？（　　）
A. 期刊社的沉默应视为已同意采用，该作家有权要求期刊社正式签订合同
B. 期刊社的沉默应视为不同意采用，该作家仅有权要求期刊社退还原稿
C. 期刊社还有 3 个月法定期间决定采用或不采用，该作家现在无权对期刊社提出签约或退稿的要求
D. 期刊社未在法定期限内作出采用或不采用的答复，该作家可以将同一作品向其他报社、期刊社投稿

5. 甲生前曾多次表示要将自己尚未发表的书稿赠送给乙，但一直未交付。后甲立遗嘱由丙继承其全部遗产，但甲临终前又将该书稿赠与丁并立即交付。该书稿的发表权应由谁行使？（　　）
A. 乙　　　　　　　　　　　B. 丙
C. 丁　　　　　　　　　　　D. 丙和丁

6. 甲、乙、丙、丁四人合作创作一部小说，甲欲将该小说许可给某电影制片厂，由该厂改编后拍成电影，乙则想把它许可给某网站在网络上传播，丙对这两种做法均表示反对，丁则不置可否。对此，下列哪一选项是正确的？（　　）
A. 如果丙坚持反对，甲、乙均不能将作品许可他人使用
B. 甲、乙有权不顾丙的反对，将作品许可他人使用
C. 如果丁同意，则甲、乙可以不顾丙的反对将作品许可他人使用
D. 如果丁也表示反对，则甲、乙不能将作品许可他人使用

多项选择题

1. 我国著作权集体管理组织可从事的活动类型有（　　）。
A. 与使用者订立著作权或者与著作权有关的权利许可使用合同
B. 向使用者收取使用费
C. 向权利人转付使用费
D. 进行涉及著作权或者与著作权有关权利的诉讼、仲裁等

2. 设立著作权集体管理组织，应当具备的条件有（　　）。
A. 发起设立著作权集体管理组织的权利人不少于 50 人
B. 不与已经依法登记的著作权集体管理组织的业务范围交叉、重合
C. 能在全国范围代表相关权利人的利益
D. 有著作权集体管理组织的章程草案、使用费收取标准草案和向权利人转付使用费的办法草案

3. 李某创作巨幅油画《万里挑一》，以 130 万元的价格转让给富商江某，下列说法正确的是（　　）。
A. 江某获得该画原件的所有权
B. 江某获得该画的著作权
C. 江某享有该画原件的展览权
D. 江某不能获得该画的任何知识产权

4. 作者死亡后下列哪些权利由作者的继承人或者受遗赠人保护？（　　）
　A. 署名权　　　　　　　　　　　　B. 修改权
　C. 发表权　　　　　　　　　　　　D. 保护作品完整权

5. 某法人甲对一本大型摄影画册拥有著作权。后来法人甲根据上级主管部门的命令分立为两个法人单位乙和丙，根据著作权法的规定，（　　）。
　A. 法人乙在法律规定的保护期内享有该大型摄影画册的使用权和获得报酬权
　B. 法人丙在法律规定的保护期内享有该大型摄影画册的使用权和获得报酬权
　C. 该大型摄影画册的著作权由国家享有
　D. 该大型摄影画册的著作权由原法人甲的上级主管部门享有

6. 作者身份不明的作品，由作品原件的合法持有人行使著作权中的（　　）。作者身份确定后由作者或者继承人行使著作权。
　A. 发表权和保护作品完整权　　　　B. 修改权
　C. 署名权　　　　　　　　　　　　D. 使用权和获得报酬权

7. 为实施九年义务教育和国家教育规划而编写出版教科书，可以不经著作权人许可，在教科书中汇编已经发表的作品片段或者短小的文字作品、音乐作品或者单幅的美术作品，但（　　）。
　A. 应当按照规定支付报酬
　B. 应指明作者姓名、作品名称
　C. 不得侵犯著作权人的其他权利
　D. 如果作者事先声明不许使用，则不得使用

8. 著作权人 Y 认为网络服务提供者 Z 的服务所涉及的作品侵犯了自己的信息网络传播权，向 Z 提交书面通知要求其删除侵权作品。对此，下列哪些选项是正确的？（　　）
　A. Y 的通知书应当包含该作品构成侵权的初步证明材料
　B. Z 接到书面通知后，可在合理时间内删除涉嫌侵权作品，同时将通知书转送提供该作品的服务对象
　C. 服务对象接到 Z 转送的书面通知后，如果认为提供的作品未侵犯 Y 的权利，则可以向 Z 提出书面说明，要求恢复被删除作品
　D. Z 收到服务对象的书面说明后应立即恢复被删除作品，同时将服务对象的说明转送给 Y，则 Y 不得再通知 Z 删除该作品

名词解释

1. 著作权集体管理
2. 著作权许可使用
3. 著作财产权的转让

简答题

1. 简述我国的著作权集体管理组织。
2. 简述著作权许可使用的类型。
3. 简述著作权许可使用合同的特点。
4. 简述承担和免除违反著作权合同民事责任的条件。
5. 简述卡拉 OK 厅交纳版权费的原因。

第七章 侵害著作权的法律责任

基础知识图解

侵害著作权的法律责任 { 侵害著作权的行为 { 侵害行为的分类 / 侵害行为的表现形式 } ; 侵害著作权法律责任的类型与后果 { 民事责任 / 行政责任 / 刑事责任 } }

配套测试

单项选择题

1. 公民甲系作家，经常发表文学作品，一日甲与其友乙在乙家探讨甲的近作，谈毕，甲对该作表示极不满意，并说要弃之重写，临行亦将其作弃于乙家垃圾桶。后来乙将甲这一作品稍加修改并署乙名发表，（　　）。

A. 乙的行为侵犯了甲的著作权
B. 乙的行为没有侵犯甲的著作权，因为甲的作品还没有发表
C. 乙的行为没有侵犯甲的著作权，因为甲已表示弃之重写并已将作品扔掉
D. 乙的行为没有侵犯甲的著作权，因为乙将作品修改

2. 贾某在电影中扮演了一位刚正不阿的市委书记，某药厂未经许可将此形象用于该厂生产的壮阳药的包装盒上。贾某的哪项权利受到了侵害？（　　）

A. 表演形象权　　　　　　　　　B. 发表权
C. 表演权　　　　　　　　　　　D. 姓名权

3. 某大学物理学系教授力某与赵某、李某、胡某等5人合作编著《经典物理学》一书。此稿经赵某、李某审阅后交出版社。此间，因封面署名问题发生争议，力某认为封面应署5人名字，胡某认为只应署"赵某等编著"。此外，力某对赵某写的出版前言中"全部内容编写提纲是在赵某的《经典力学》讲稿基础上拟定"的提法表示不满。这时，出版社提出原书稿应适当压缩，赵某从出版社取回书稿，在未通知力某的情况下，擅自组织他人改写。力某多次表示反对，提出如不解决上述诸问题，就要撤稿。后来，出版社将力某的原稿退回。但是在该书出版后，力某发现其中有他的改写内容，但没有他的署名。出版社辩称此为第二稿，力某顿觉上当，向著作权管理部门申诉。下列对于赵某行为的处理方法，不恰当的是（　　）。

A. 由赵某向力某公开赔礼道歉　　B. 由赵某向力某赔偿损失
C. 由著作权管理部门对赵某进行罚款　　D. 由人民法院依法追究赵某的刑事责任

4. 画家王明将其创作的一幅油画赠送其好友冬雨，在王明去世后，冬雨将此画赠与博物馆，博物馆将画展出。下列说法正确的是（　　）。

A. 博物馆侵犯了王明的著作权

B. 冬雨侵犯了王明的著作权

C. 博物馆有权展出此画，并未侵犯王明的著作权

D. 博物馆与冬雨都侵犯了王明的著作权

5. 甲受乙的委托，为乙画了一幅肖像。双方未就这幅画的版权归属作出约定。乙去世后，乙的继承人丙将这幅画卖给丁。丁未经任何人同意，将这幅画复制出售。对丁的这一行为应当如何认定？（　　）

A. 丁的行为是合法行使权利的行为　　B. 丁侵犯了甲的著作权

C. 丁侵犯了乙的著作权　　D. 丁侵犯了丙的著作权

6. 甲经乙许可，将乙的小说改编成电影剧本。丙获得该剧本手稿后，未征得甲和乙的同意，将该电影剧本改编成电视剧剧本并予以发表。应如何看待丙的行为？（　　）

A. 侵犯了甲的著作权，但未侵犯乙的著作权

B. 侵犯了乙的著作权，但未侵犯甲的著作权

C. 同时侵犯了甲的著作权和乙的著作权

D. 不构成侵权

7. 甲无国籍，经常居住地为乙国，甲创作的小说《黑客》在丙国首次出版。我国公民丁在丙国购买了该小说，未经甲同意将其翻译并在我国境内某网站传播。《黑客》要受我国著作权法保护，应当具备下列哪一条件？（　　）

A. 《黑客》应当属于我国允许出版或传播的作品

B. 甲对丁翻译《黑客》并在我国境内网站传播的行为予以追认

C. 乙和丙国均加入了《伯尔尼公约》

D. 乙或丙国加入了《伯尔尼公约》

8. 甲创作的一篇杂文，发表后引起较大轰动。该杂文被多家报刊、网站无偿转载。乙将该杂文译成法文，丙将之译成维吾尔文，两个版本的译文均在国内出版，乙和丙均未征得甲的同意，也未支付报酬。下列哪一观点是正确的？（　　）

A. 报刊和网站转载该杂文的行为不构成侵权

B. 乙和丙的行为均不构成侵权

C. 乙的行为不构成侵权，丙的行为构成侵权

D. 乙的行为构成侵权，丙的行为不构成侵权

9. 下列哪一行为构成对知识产权的侵犯？（　　）

A. 刘某明知是盗版书籍而购买并阅读

B. 李某明知是盗版软件而购买并安装使用

C. 五湖公司明知是假冒注册商标的商品而购买并经营性使用

D. 四海公司明知是侵犯外观设计专利权的商品而购买并经营性使用

10. 甲创作并出版的经典童话《大灰狼》超过著作财产权保护期后，乙将"大灰狼"文字及图形申请注册在"书籍"等商品类别上并获准注册。丙出版社随后未经甲和乙同意，出版了甲的《大灰狼》童话，并使用了"大灰狼"文字及图形，但署名为另一著名歌星丁，丁对此并不知情。关于丙出版社的行为，下列哪一说法是错误的？（　　）

A. 侵犯了甲的复制权　　B. 侵犯了甲的署名权

C. 侵犯了丁的姓名权　　D. 侵犯了乙的商标权

11. 甲从书画市场上购得乙的摄影作品《鸟巢》，与其他摄影作品一起用于营利性展览。丙偷偷将《鸟巢》翻拍后以自己的名义发表在某杂志上，丁经丙同意将刊登在该杂志上的《鸟巢》又

制作成挂历销售。对此，下列哪一选项是正确的？（　　）

　　A. 甲无权将《鸟巢》进行营利性展览
　　B. 丙的行为构成剽窃
　　C. 丙的行为侵犯了乙的发表权
　　D. 丁应停止销售，但因无过错免予承担赔偿责任

12. 某诗人以"漫动的音符"署名在甲网站发表题为《天堂向左》的诗作，乙出版社的《现代诗集》收录该诗，丙教材编写单位将该诗作为范文编入《语文》教材，丁文学网站转载了该诗。下列哪一说法是正确的？（　　）

　　A. 该诗人在甲网站署名方式不合法
　　B. 《天堂向左》在《现代诗集》中被正式发表
　　C. 丙教材编写单位可以不经该诗人同意使用《天堂向左》，但应当按照规定支付报酬
　　D. 丁文学网站未经该诗人和甲网站同意而转载，构成侵权行为

多项选择题

1. 公民甲与公民乙是老朋友，一日公民乙将其新近创作的一部作品让公民甲看，希望甲能提些修改意见。甲看完后，将该作品复印，然后将作品还给乙。公民甲出名心切，将乙作品中大部分内容作修改后以自己的名字向某杂志社投稿后发表。公民甲的行为（　　）。

　　A. 侵犯了著作权人公民乙的署名权　　B. 侵犯了著作权人公民乙的发表权
　　C. 侵犯了著作权人公民乙的财产权　　D. 没有侵犯公民乙的发表权

2. 出版注释已有作品而产生的作品，应向（　　）支付报酬。

　　A. 注释作品的著作权人　　　　　　B. 原作品的著作权人
　　C. 原作品的出版社　　　　　　　　D. 注释作品的著作权人所在的单位

3. 甲是《嬉戏图》的作者，该画曾被用作话剧《百姓人家》的演出背景，乙电影制片厂将《嬉戏图》用于其拍摄的电影《百姓人家》的宣传招贴。甲认为乙的行为侵犯了其著作权，下列说法正确的有（　　）。

　　A. 著作权保护的是作品，而不是作品载体
　　B. 无论源于作品原件还是作品复制件，再现作品都属于复制
　　C. 被告未经许可使用原告的作品，侵犯了甲的著作权
　　D. 被告的使用属于法定许可，向原告给付报酬即可

4. 太阳集团开发的一套小学英语教育软件未进行软件登记，一上市就被盗版软件商大量非法复制并贩卖。下列说法中正确的有（　　）。

　　A. 未经登记的软件，不享有著作权
　　B. 未经登记的软件发生纠纷，法院不予受理
　　C. 只要符合起诉条件，法院就受理该软件纠纷
　　D. 可以请求软件著作权行政管理部门处理侵权纠纷

5. 某厂是生产电视机的专业厂家，2024年该厂研制出一款80英寸8K智能平板电视机，由于刘某摄制的彩色照片色泽艳丽，画面清晰，该厂决定将刊于杂志上的这幅彩色照片翻拍下来，放到上述新产品的产品说明书上，以向用户展示其电视的高质量。于是，该厂未经刘某同意便使用了其照片。产品说明书印制完成以后，随电视机一起投放市场。刘某得知此情况后认为，该电视机厂未经其同意，将他摄制的彩色照片用在该厂生产的新型电视机的说明书上，侵犯了他的合法权益，厂家应承担责任。厂家则认为他们的电视机说明书是随机赠送的非卖品，根本谈不上侵权。双方争执不下，刘某于2024年年底向人民法院起诉。本案应当怎样处理？（　　）

A. 电视机厂向刘某赔礼道歉

B. 电视机厂向刘某支付使用作品的报酬

C. 电视机厂向刘某赔偿损失

D. 确认电视机厂的行为是合理使用，驳回刘某的起诉

6. 侵害信息网络传播权民事纠纷案件可由（　　）人民法院管辖。

A. 侵权行为地　　　　　　　　　　B. 被告住所地

C. 原告住所地　　　　　　　　　　D. 原告发现侵权内容的计算机终端设备所在地

7. 甲影视公司将其摄制的电影《愿者上钩》的信息网络传播权转让给乙网站，乙网站采取技术措施防范未经许可免费播放或下载该影片的行为。丙网站开发出专门规避乙网站防范技术的软件，供网民在丙网站免费下载使用，学生丁利用该软件免费下载了《愿者上钩》供个人观看。对此，下列哪些说法是正确的？（　　）

A. 丙网站的行为侵犯了著作权

B. 丁的行为侵犯了著作权

C. 甲公司已经丧失著作权人主体资格

D. 乙网站可不经甲公司同意以自己的名义起诉侵权行为人

8. 王某的短篇小说《活在都市》被程某改编成剧本，由甲剧团以话剧的方式演出，该话剧被乙公司录像并制作成光盘发售。该事例中包含哪些受著作权法保护的权利？（　　）

A. 乙作为录像制作者的权利　　　　B. 甲作为表演者的权利

C. 程某作为改编者的权利　　　　　D. 王某的著作权

9. 根据《著作权法》规定，下列行为中，哪些行为不仅应承担民事责任，还应由著作权行政管理部门给予行政处罚？（　　）

A. 未经论文作者许可，发表其论文

B. 未经演唱者许可，对其表演制作录音带出版

C. 未经钢琴演奏者许可，现场直播其独奏

D. 未经教学录像制作者许可，复制发行其制作的录像

10. 画家吴某经常即兴作画，赠送好友谢某，几年后谢某已收藏吴某画作30多幅。谢某从中选出25幅，以《吴某画册》为名出版了吴某署名的25幅画，吴某得知后十分气愤，认为谢某及出版社侵犯了自己权利。依照法律，谢某侵犯了（　　）。

A. 吴某所赠画的财产所有权

B. 吴某对赠画的发表权

C. 吴某对赠画的展览权

D. 吴某的姓名权、作品使用权和获得报酬权

11. 甲于1996年过世，甲在临终前将其回忆录手稿赠送给好友乙。该手稿扉页上题有"吾将不久于人世，谨以此绝笔赠吾挚友，望珍藏密室，令其永不面世"的字样。乙依遗嘱秘藏之。2022年，乙病故，其继承人丙获得该手稿。2023年，丙将该手稿借给学者丁，供其在研究甲的生平时参考。丙在出借时声明"根据作者遗愿，手稿不得公之于世"，丁应允。2024年，丁在征得甲的继承人戊同意后，将手稿以"内部资料"的形式刊印400册，在一定范围内散发。对有关当事人权利的认定，下列意见中哪些正确？（　　）

A. 甲虽已去世，但其著作权仍受法律保护

B. 丙享有手稿的所有权，但不享有手稿的著作权

C. 丁享有手稿著作权中的作品使用权

D. 戊作为甲的继承人，有权决定将手稿发表

12. 甲公司的一注册商标系乙画家创作的绘画作品。甲申请该商标注册时未经乙的许可。现乙认为其著作权受到侵害，与甲进行交涉。乙对于此事可采取的正确做法有哪些？（　　）

   A. 向甲公司所在地基层法院提起著作权侵权之诉
   B. 请求国家知识产权局裁定撤销甲的注册商标
   C. 如对法院判决不服可以上诉，但对国家知识产权局的裁定只能服从
   D. 采取许可方式使甲继续使用该注册商标，但甲应赔偿损失和支付报酬

13. 甲创作了一首歌曲《红苹果》，乙唱片公司与甲签订了专有许可合同，在聘请歌星丙演唱了这首歌曲后，制作成录音制品（CD）出版发行。下列哪些行为属于侵权行为？（　　）

   A. 某公司未经许可翻录该 CD 后销售，向甲、乙、丙支付了报酬
   B. 某公司未经许可自聘歌手在录音棚中演唱了《红苹果》并制作成 DVD 销售，向甲支付了报酬
   C. 某商场购买 CD 后在营业时间作为背景音乐播放，经过甲许可并向其支付了报酬
   D. 某电影公司将 CD 中的声音作为电影的插曲使用，只经过了甲许可

14. 叶某创作《星光灿烂》的词曲并发表于音乐杂志，郝某在个人举办的赈灾义演中演唱该歌曲，南极熊唱片公司录制并发行郝某的义演唱片，星星电台购买该唱片并播放了该歌曲。下列哪些说法是正确的？（　　）

   A. 郝某演唱《星光灿烂》应征得叶某同意并支付报酬
   B. 南极熊唱片公司录制该歌曲应当征得郝某同意并支付报酬
   C. 星星电台播放该歌曲应征得郝某同意
   D. 星星电台播放该歌曲应征得南极熊唱片公司同意

15. 下列哪些出租行为构成对知识产权的侵犯？（　　）

   A. 甲为出租而购买正版畅销图书
   B. 乙为出租而购买正版杀毒软件
   C. 丙为出租而购买正版唱片
   D. 丁为出租而购买正宗专利产品

16. 谢某为某电视台的著名栏目主持人，曾与何某在大学期间谈恋爱。何某为了炫耀，将谢某写给自己署有真实姓名的求爱信在互联网上传播，给谢某造成了不良影响。关于何某侵犯的谢某的民事权利，下列哪些选项是正确的？（　　）

   A. 发表权
   B. 信息网络传播权
   C. 荣誉权
   D. 隐私权

17. 甲公司委托乙公司开发印刷排版系统软件，付费 20 万元，没有明确约定著作权的归属。后甲公司以高价向善意的丙公司出售了该软件的复制品。丙公司安装使用 5 年后，乙公司诉求丙公司停止使用并销毁该软件。下列哪些表述是正确的？（　　）

   A. 该软件的著作权属于甲公司
   B. 乙公司的起诉已超过诉讼时效
   C. 丙公司可不承担赔偿责任
   D. 丙公司应停止使用并销毁该软件

18. 甲公司委托乙公司设计并制作产品包装盒，未签订书面合同。丙在市场上发现该产品包装盒上未经其许可使用了其画《翠竹》作为背景图案。如果该产品包装盒的整体设计也构成美术图案，下列哪些选项是正确的？（　　）

   A. 产品包装盒的版权属于甲公司
   B. 乙公司侵害了丙的复制权
   C. 甲公司对乙公司的侵权行为不知情，但仍构成侵权
   D. 甲公司不享有产品包装盒的外观设计专利

19. 甲电视台模仿某境外电视节目创作并录制了一档新娱乐节目，尚未播放。乙闭路电视台贿赂甲电视台工作人员贺某复制了该节目，并将获得的复制品抢先播放。下列哪些说法是正确的？（　　）

  A. 乙电视台侵犯了甲电视台的播放权 B. 乙电视台侵犯了甲电视台的复制权
  C. 贺某应当与乙电视台承担连带责任 D. 贺某应承担补充责任

20. 甲委托乙创作歌曲《春天》，双方并未约定著作权的归属。后乙将歌曲《春天》的著作财产权转让给丙，丙将该歌曲上传至丁公司的音乐平台上。该音乐平台已声明未经许可禁止下载并为此采取了相应的技术措施。戊公司避开了该音乐平台的技术措施下载该歌曲，并将该歌曲用在本公司生产的玩具狗上，只要按下某个按键就会播放该歌曲。己公司从戊公司进了一批玩具狗用于销售。对此，下列哪些说法是正确的？（　　）

  A. 乙转让《春天》的著作财产权构成无权处分
  B. 戊公司并未侵犯丁公司的著作权
  C. 戊公司侵犯了乙的复制权
  D. 己公司侵犯了乙的发行权

简答题

1. 简述侵犯著作权承担民事责任的行为的形式。
2. 简述网络服务提供者对其服务对象提供网络存储空间不承担赔偿责任的条件是什么？
3. 简述网络用户实施侵害信息网络传播权行为过程中，网络服务提供者在提供网络服务时的哪些行为可认定为教唆或者帮助侵权行为？

论述题

1. 试述著作权侵权损害赔偿责任原则。
2. 结合《著作权法》和《信息网络传播权保护条例》，试述"技术措施"。

案例分析题

  甲曾为A公司员工，2023年7月开始从事某游戏的开发工作，甲担任主策划、剧情策划。2024年3月甲离职，2024年8月该游戏的繁体中文版开始发售，在游戏软件的制作人员名单中，甲为创意策划，但甲认为其应当署名为主策划、剧情策划而非创意策划，A公司侵犯了其署名权，遂于9月3日向A公司发出律师函，要求A公司采取在即将发售的简体中文版游戏中予以改正等措施进行补救。11月2日，在A公司没有对简体中文版加以改正的情况下，甲终将A公司告上了法庭，要求A公司停止侵害、消除影响、公开赔礼道歉。

  请问：假如案情属实，甲的诉求是否成立？

第二编　专利权与其他技术成果权

第八章　专利权的对象

基础知识图解

专利权的对象
- 发明
  - 概念
  - 特点
  - 种类
- 实用新型
  - 概念
  - 特点
- 外观设计
  - 概念
  - 特点
- 专利法不予保护的对象

配套测试

单项选择题[①]

1. 依据《专利法》的有关规定，（　　）可以被授予专利权。
A. 相对论　　　　　　　　　　　　B. 赌博器
C. 风湿病的治疗方法　　　　　　　D. 杂交水稻生产方法

2. 甲公司开发出一项发动机关键部件的技术，大大减少了汽车尾气排放。乙公司与甲公司签订书面合同受让该技术的专利申请权后不久，乙公司就该技术方案向国家知识产权局同时申请了发明专利和实用新型专利。下列哪一说法是正确的？（　　）
A. 因该技术转让合同未生效，乙公司无权申请专利
B. 因尚未依据该技术方案制造出产品，乙公司无权申请专利
C. 乙公司获得专利申请权后，无权就同一技术方案同时申请发明专利和实用新型专利
D. 乙公司无权就该技术方案获得发明专利和实用新型专利

[①] 2019年2月15日，国家知识产权局网站发布了《关于变更业务用章及相关表格/书式的公告》，公告中提到："根据中央机构改革部署，国家知识产权局原专利复审委员会并入国家知识产权局专利局，原国家工商行政管理总局商标局、商标评审委员会、商标审查协作中心整合为国家知识产权局商标局，不再保留专利复审委员会、商标评审委员会、商标审查协作中心。"本书题目中涉及机构沿革的，均结合现行机构作出修改，答案解析中，基于引用法律规范的严谨性要求，未作处理。同类情况不再一一说明。

名词解释

1. 发明
2. 共同发明
3. 实用新型
4. 外观设计
5. 产品发明与方法发明
6. 外观设计与实用新型

简答题

1. 简述专利权的保护范围。
2. 简述发明与实用新型的异同。
3. 简述我国《专利法》规定的不受专利法保护的对象。

第九章　专利权取得的实质条件

基础知识图解

专利权取得的实质条件 { 发明与实用新型的取得条件 { 实用性、新颖性、创造性 }；外观设计的取得条件 { 新颖性、创造性 } }

配套测试

单项选择题

关于下列成果可否获得专利权的判断，哪个选项是正确的？（　　）

A. 甲设计的新交通规则，能缓解道路拥堵，可获得方法发明专利权
B. 乙设计的新型医用心脏起搏器，能迅速使心脏重新跳动，该起搏器不能被授予专利权
C. 丙通过转基因方法合成一种新细菌，可过滤汽油的杂质，该细菌属动物新品种，不能被授予专利权
D. 丁设计的儿童水杯，其新颖而独特的造型既富美感，又能防止杯子滑落，该水杯既可申请实用新型专利权，也可申请外观设计专利权

多项选择题

1. 甲完成了一项发明创造，欲向国务院专利行政部门申请发明专利，在下列哪些情况下，其发明具有新颖性而被授予专利权？（　　）

A. 该发明在申请日以前6个月内，在中国政府主办的国际展览会上首次展出的
B. 在申请日以前，在国外出版物上发表过
C. 在申请日以前，在国外公开使用过
D. 他人未经甲的同意泄露了其发明的核心技术

2. 范某的下列有关骨科病预防与治疗方面的研究成果，哪些可在我国申请专利？（　　）

A. 范某发现的导致骨癌的特殊遗传基因
B. 范某发明的一套帮助骨折病人尽快康复的理疗器械
C. 范某发明的精确诊断股骨头坏死的方法
D. 范某发明的一种高效治疗软骨病的中药制品

不定项选择题

2021年1月，甲公司的高级工程师乙研制出一种节油装置，完成了该公司的技术攻坚课题，

并达到国际领先水平。2021年2月，甲公司将该装置样品提供给我国政府承认的某国际技术展览会展出。同年3月，乙未经单位同意，在向某国外杂志的投稿论文中透露了该装置的核心技术，该杂志将论文全文刊载，引起甲公司不满。同年6月，丙公司依照该杂志的报道很快研制了样品，并作好了批量生产的必要准备。甲公司于2021年7月向我国专利局递交专利申请书。2023年12月，丁公司也根据该杂志开始生产该节油装置。2024年5月7日，国务院专利行政部门授予甲公司发明专利权，2024年7月甲公司向法院提起诉讼，分别要求丙公司和丁公司停止侵害并赔偿损失。请回答以下问题。

(1) 在丙公司已研制出样品，丁公司已开始生产的情况下，甲公司的发明为何仍因具有新颖性而被授予专利权？（　　）

A. 因该发明在申请日前未在国内公开

B. 因该发明在申请日前未在国际上公开使用

C. 因该发明的核心技术在论文中被透露未经甲公司同意

D. 因该发明达到国际领先水平

(2) 甲公司能否要求丙公司停止侵害并赔偿损失？（　　）

A. 甲公司有权要求丙公司停止侵害并赔偿损失

B. 甲公司有权要求丙公司停止侵害，但无权要求赔偿损失

C. 甲公司无权要求，因丙公司有权在2024年5月7日前制造该专利产品

D. 甲公司无权要求，因丙公司有权在原有范围内继续制造该专利产品

(3) 丁公司实施甲公司发明的行为是否构成侵权行为？（　　）

A. 构成侵权行为

B. 不构成侵权行为

C. 2024年5月7日后的实施行为构成侵权行为

D. 2024年7月后的实施行为构成侵权行为

(4) 甲公司可以在起诉前向法院申请采取什么措施保护自己的合法权益？（　　）

A. 申请诉前禁令　　　　　　　　　B. 申请诉前先予执行

C. 申请诉前财产保全　　　　　　　D. 申请诉前证据保全

名词解释

1. 新颖性
2. 创造性
3. 实用性

简答题

1. 简述发明与实用新型专利新颖性的判断标准。
2. 简述发明与实用新型专利创造性的判断标准。

论述题

1. 试论专利合法权益的在先取得。
2. 试论专利权授予的实质性条件。

第十章　专利权的归属、取得与消灭

基础知识图解

专利权的归属、取得与消灭
- 专利权的归属
  - 发明人
  - 专利权人
  - 职务发明
  - 委托发明
  - 合作发明
- 专利权取得的程序
  - 专利申请原则
  - 审查
  - 复审
- 专利权的无效
  - 无效宣告的理由
  - 无效宣告的程序
  - 无效宣告的效力
- 专利权的期限与终止
  - 专利权的期限
  - 专利权的终止

配套测试

单项选择题

1. 下列选项中哪项不属于《专利法》所称的执行本单位的任务所完成的职务发明创造？（　　）

A. 在职人员在本单位所作的发明创造

B. 在本职工作中所作出的发明创造

C. 履行本单位交付的工作之外的任务所作的发明创造

D. 退休后半年作出的与其在原单位承担的工作有关的发明创造

2. 甲公司与乙公司签订一项关于技术发明的委托合同，甲公司接受乙公司的委托完成一项有关包装机械的发明，但是，双方并未对专利权的归属作出明确约定，那么专利申请权属于（　　）。

A. 甲公司　　　　　　　　　　B. 乙公司

C. 甲公司和乙公司　　　　　　D. 国家

3. 小刘为 A 单位的技术人员，后调到 B 单位工作。两单位协商，小刘在 A 单位承担的未完成的研究项目，由小刘在 B 单位继续完成。最终该项技术完成，则该项技术的专利申请权归（　　）。

　　A．A、B 两个单位共同享有　　　　B．A 单位单独享有

　　C．B 单位单独享有　　　　　　　　D．小刘单独享有

4. 李某是甲公司的研究人员，承担了一种冷藏机的研制任务，在研制成功前辞职开办乙公司。辞职近一年时，李某成功研制出该冷藏机，并以乙公司的名义申请并获得了专利。丙公司在李某研制成功之前已经研制出该冷藏机技术并开始生产产品。下列哪一选项是正确的？（　　）

　　A．该专利权应归甲公司享有，李某享有在专利文件中署名的权利

　　B．该专利权应归甲公司享有，乙公司享有免费使用权

　　C．该专利权应归乙公司享有，甲公司享有免费使用权

　　D．在该专利授权后，丙公司应停止生产该冷藏机

5. 专利申请人对国务院专利行政部门的复审决定不服的，可以自收到通知之日起（　　）内向人民法院提起诉讼。

　　A．3 个月　　　　B．6 个月　　　　C．12 个月　　　　D．3 年

6. 确定发明、实用新型专利权保护范围的依据是（　　）。

　　A．权利要求书　　B．说明书　　　　C．请求书　　　　D．摘要

多项选择题

1. 甲是某工厂的技术人员，甲主要利用某工厂的物质技术条件完成了一项发明创造。对于某工厂申请的该项专利，甲享有哪些权利？（　　）

　　A．在专利文件中写明自己是发明人或设计人

　　B．获得某工厂发给的奖金

　　C．对专利的许可实施予以同意或否决

　　D．从专利实施的收入中取得一定比例的提成报酬

2. 甲因完成单位乙交付的任务而完成了一项发明。下列哪些说法是正确的？（　　）

　　A．专利申请权属于甲，专利权属于乙

　　B．乙在获得专利权后许可他人使用，应从收取的使用费中给予甲以奖励

　　C．乙若转让该项专利，应从转让费中给予甲以奖励

　　D．乙若转让该项专利，甲在同等条件下有优先受让的权利

3. 甲、乙、丙三人合作开发一项技术，合同中未约定权利归属。该项技术开发完成后，甲、丙想要申请专利，而乙主张通过商业秘密来保护。对此，下列哪些选项是错误的？（　　）

　　A．甲、丙不得申请专利

　　B．甲、丙可以申请专利，申请批准后专利权归甲、乙、丙共有

　　C．甲、丙可以申请专利，申请批准后专利权归甲、丙所有，乙有免费实施的权利

　　D．甲、丙不得申请专利，但乙应向甲、丙支付补偿费

4. 甲公司聘请乙专职从事汽车发动机节油技术开发工作。因开发进度没有达到甲公司的要求，甲公司减少了给乙的开发经费。乙于 2023 年 3 月辞职到丙公司，获得了更高的薪酬和更多的开发经费。2024 年 1 月，乙成功开发了一种新型汽车节油装置技术。关于该技术专利申请权的归属，下列哪些选项是错误的？（　　）

　　A．甲公司　　　　B．乙　　　　　　C．丙公司　　　　D．甲公司和丙公司共有

5. 甲研究所与刘某签订了一份技术开发合同，约定由刘某为甲研究所开发一套软件。3 个月后，刘某按约定交付了技术成果，甲研究所未按约定支付报酬。由于没有约定技术成果的归属，

双方发生争执。下列哪些选项是正确的？（　　）
A. 申请专利的权利属于刘某，但刘某无权获得报酬
B. 申请专利的权利属于刘某，且刘某有权获得约定的报酬
C. 如果刘某转让专利申请权，甲研究所享有以同等条件优先受让的权利
D. 如果刘某取得专利权，甲研究所可以免费实施该专利

6. 工程师王某在甲公司的职责是研发电脑鼠标。下列哪些说法是错误的？（　　）
A. 王某利用业余时间研发的新鼠标的专利申请权属于甲公司
B. 如王某没有利用甲公司物质技术条件研发出新鼠标，其专利申请权属于王某
C. 王某主要利用了单位物质技术条件研发出新型手机，其专利申请权属于王某
D. 如王某辞职后到乙公司研发出新鼠标，其专利申请权均属于乙公司

7. 美国发明家约翰于 2021 年 9 月 20 日就一项发明在美国申请了专利。2022 年 8 月 15 日，约翰又就该发明向中国国务院专利行政部门提出了申请，并申请优先权。后约翰就该发明在美国和中国分别于 2023 年 12 月 31 日、2024 年 8 月 5 日被授予专利权。根据《专利法》，其在中国的申请日以及专利权有效期截止于下列哪些日期？（　　）
A. 2021 年 9 月 20 日
B. 2022 年 8 月 15 日
C. 2041 年 9 月 20 日
D. 2043 年 12 月 31 日

名词解释

1. 优先权
2. 职务发明创造
3. 委托发明
4. 发明人
5. 先发明制作
6. 合作发明

简答题

1. 简述优先权原则及效力。
2. 简述专利权人与专利申请人的关系。
3. 简述发明人与专利权人的关系。
4. 简述专利申请原则。

案例分析题

案情：甲公司于 2017 年获得国家专利局颁发的 9518 号实用新型专利权证书，后因未及时缴纳年费被国家专利局公告终止其专利权。2021 年 3 月甲公司提出恢复其专利权的申请，国家知识产权局专利局于同年 4 月作出恢复其专利的决定。2022 年 3 月，甲公司以专利侵权为由对乙公司提起民事诉讼。诉讼过程中，乙公司向国家知识产权局提出请求，要求宣告 9518 号专利权无效。2023 年 3 月 1 日，国家知识产权局作出维持该专利有效的审查决定并通知乙公司。

问题：
（1）如乙公司对恢复甲公司专利权的决定提起行政诉讼，其是否具有原告资格？为什么？
（2）如乙公司于 2024 年 4 月对恢复甲公司专利权的决定提起行政诉讼，是否超过行政诉讼的起诉期限？为什么？

第十一章 专利权的内容与限制

基础知识图解

专利权的内容与限制 {
 专利权的内容 { 发明与实用新型 { 产品专利 / 方法专利 } / 外观设计 }
 不视为侵犯专利权的行为 { 专利权穷竭 / 先用权 / 临时过境 / 科学研究和实验使用例外 / 药品和医疗器械行政审批例外 }
 专利实施的特别许可 { 强制许可 / 指定许可 / 开放许可 }
}

配套测试

多项选择题

甲公司获得一项智能手机显示屏的发明专利权后，将该技术以在中国独占许可方式许可给乙公司实施。乙公司付完专利使用费并在销售含有该专利技术的手机过程中，发现丙公司正在当地电视台做广告宣传具有相同专利技术的手机，便立即通知甲公司起诉丙公司。法院受理该侵权纠纷后，丙公司在答辩期内请求宣告专利无效。下列哪些说法是错误的？（ ）

 A. 乙公司获得的专利使用权是债权，在不通知甲公司的情况下不能直接起诉丙公司
 B. 专利无效宣告前，丙公司侵犯了专利实施权中的销售权
 C. 如专利无效，则专利实施许可合同无效，甲公司应返还专利使用费
 D. 法院应中止专利侵权案件的审理

名词解释

1. 专利权穷竭
2. 先行实施
3. 临时过境
4. 许诺销售
5. 强制许可

简答题

1. 简述专利权人享有的权利。
2. 简述专利实施的强制许可。

第十二章　专利权的利用

基础知识图解

专利权的利用
- 专利实施许可
  - 许可方式
  - 专利实施许可合同的主要内容
- 专利权的转让
  - 转让的条件
  - 转让的程序
  - 转让的效力

配套测试

不定项选择题

A 公司于 2022 年 6 月 1 日申请一项电动汽车安全保护装置的实用新型专利，2023 年 4 月 30 日获得专利权，2025 年 4 月 30 日与 B 公司签订一份专利独占实施许可合同。下列哪些选项是正确的？（　　）

A. 该合同属于技术许可合同
B. B 公司不得许可第三人实施该专利技术
C. B 公司经甲公司授权可以自己的名义起诉侵犯该专利技术的人
D. 双方可约定合同期限为 10 年

名词解释

1. 专利实施许可合同
2. 专利权转让合同

简答题

1. 简述专利独占实施许可、排他实施许可和普通实施许可的区别。
2. 简述专利权转让的条件及程序。

第十三章 侵害专利权的法律责任

基础知识图解

侵害专利权的法律责任
- 专利权的保护范围
  - 发明与实用新型
  - 外观设计
- 侵害专利权行为的构成和认定
  - 侵害行为的构成
  - 侵害行为的判断标准与具体认定
- 侵害专利权行为的抗辩事由
  - 不侵权抗辩
  - 无效专利抗辩
  - 滥用专利抗辩
  - 损害赔偿抗辩
- 侵害专利权行为法律责任的类型与后果
  - 侵害专利权的民事责任
  - 侵害专利权的其他责任

配套测试

单项选择题

1. 甲厂有一项专利技术。甲厂就该项专利技术于2024年5月与乙厂签订了实施许可合同，乙厂向甲厂支付了10万元的使用费。后该专利技术因实用性很差，被国务院专利行政部门申请宣告无效。已知甲厂并不是恶意签订实施许可合同的，乙厂为实施该专利技术盖好了厂房、雇好了工人。请问该案应如何处理？（　　）

A. 乙厂可向甲厂要求赔偿　　　　　　　B. 乙厂可向甲厂要求返还使用费

C. 乙厂可要求撤销实施许可合同　　　　D. 乙厂不能要求返还使用费

2. 下列哪一种行为不视为侵犯专利权？（　　）

A. 不知是假冒专利产品而批发购进，事后得知实情，为避免损失，而予售出

B. 在申请日前已生产了相同产品，在未经专利权人许可的情况下，准备扩大生产规模

C. 未经专利权人许可，从国外进口用专利权人的专利方法直接获得的产品

D. 为科学实验而使用了专利权人的专利方法，并以由此获得的成果独自申请专利

3. 甲是某产品的专利权人，乙于2023年3月1日开始制造和销售该专利产品。甲于2024年3月1日对乙提起侵权之诉。经查，甲和乙销售每件专利产品分别获利为2万元和1万元，甲因乙的侵权行为少销售100台，乙共销售侵权产品300台。关于乙应对甲赔偿的额度，下列哪一选项是正确的？（　　）

A. 200万元　　　　B. 250万元　　　　C. 300万元　　　　D. 500万元

4. 甲公司开发了一种汽车节能环保技术，并依法获得了实用新型专利证书。乙公司拟与甲公

司签订独占实施许可合同引进该技术,但在与甲公司协商谈判过程中,发现该技术在专利申请日前已经属于现有技术。乙公司的下列哪一做法不合法?(　　)

　　A. 在该专利技术基础上继续开发新技术　　B. 诉请法院判决该专利无效
　　C. 请求国家知识产权局宣告该专利无效　　D. 无偿使用该技术

5. 甲公司获得了某医用镊子的实用新型专利,不久后乙公司自行研制出相同的镊子,并通过丙公司销售给丁医院使用。乙、丙、丁都不知道甲已经获得该专利。下列哪一选项是正确的?(　　)

　　A. 乙的制造行为不构成侵权
　　B. 丙的销售行为不构成侵权
　　C. 丁的使用行为不构成侵权
　　D. 丙和丁能证明其产品的合法来源,不承担赔偿责任

6. 美国某公司于 2020 年 12 月 1 日在美国就某口服药品提出专利申请并被受理,2021 年 5 月 9 日就同一药品向中国专利局提出专利申请,要求享有优先权并及时提交了相关证明文件。中国专利局于 2024 年 4 月 1 日授予其专利。关于该药品的中国专利,下列哪一选项是正确的?(　　)

　　A. 保护期从 2020 年 12 月 1 日起计算　　B. 保护期从 2021 年 5 月 9 日起计算
　　C. 保护期从 2024 年 4 月 1 日起计算　　D. 该专利的保护期是 10 年

7. 某商场在春节期间组织"家家乐"家用电器促销活动,有关部门发现其销售的部分电器中有侵犯他人专利权或商标权的产品。该商场能证明其产品的合法来源。关于该商场的行为,下列哪一选项是正确的?(　　)

　　A. 不构成侵权,但应当停止销售
　　B. 善意销售,不构成侵权
　　C. 构成侵权,应停止销售,但不承担赔偿责任
　　D. 构成侵权,应当承担停止侵害和赔偿损失的责任

8. 下列哪一选项不属于侵犯专利权的行为?(　　)

　　A. 甲公司与专利权人签订独占实施许可合同后,许可其子公司乙公司实施该专利技术
　　B. 获得强制许可实施权的甲公司许可他人实施该专利技术
　　C. 甲公司销售不知道是侵犯他人专利的产品并能证明该产品来源合法
　　D. 为提供行政审批所需要的信息,甲公司未经专利权人的同意而制造其专利药品

9. 甲公司与乙公司签订买卖合同,以市场价格购买乙公司生产的设备一台,双方交付完毕。设备投入使用后,丙公司向法院起诉甲公司,提出该设备属于丙公司的专利产品,乙公司未经许可制造并销售了该设备,请求法院判令甲公司停止使用。经查,乙公司侵权属实,但甲公司并不知情。关于此案,法院下列哪一做法是正确的?(　　)

　　A. 驳回丙公司的诉讼请求
　　B. 判令甲公司支付专利许可使用费
　　C. 判令甲公司与乙公司承担连带责任
　　D. 判令先由甲公司支付专利许可使用费,再由乙公司赔偿甲公司损失

10. M 公司就其生产的一款高档轿车造型和颜色组合获得了外观设计专利权,又将其设计的"飞天神马"造型注册为汽车的立体商标,并将该造型安装在车头。某车行应车主陶某请求,将陶某低价位的旧车改装成该高档轿车的造型和颜色,并从报废的轿车上拆下"飞天神马"标志安装在改装车上。陶某使用该改装车提供专车服务,收费高于普通轿车。关于上述行为,下列哪一说法是错误的?(　　)

　　A. 陶某的行为侵犯了 M 公司的专利权
　　B. 车行的行为侵犯了 M 公司的专利权

C. 陶某的行为侵犯了 M 公司的商标权
D. 车行的行为侵犯了 M 公司的商标权

11. W 研究所设计了一种高性能发动机，在我国和《巴黎公约》成员国 L 国均获得了发明专利权，并分别给予甲公司在我国、乙公司在 L 国的独占实施许可。下列哪一行为在我国构成对该专利的侵权？（　　）

A. 在 L 国购买由乙公司制造销售的该发动机，进口至我国销售
B. 在我国购买由甲公司制造销售的该发动机，将发动机改进性能后销售
C. 在我国未经甲公司许可制造该发动机，用于各种新型汽车的碰撞实验，以测试车身的防撞性能
D. 在 L 国未经乙公司许可制造该发动机，安装在 L 国客运公司汽车上，该客车曾临时通过我国境内

12. 甲公司发明了一款车载空调并获得了专利，随后乙公司自己研发出了相同的技术，生产了车载空调，并向丙公司批销了一批该空调，丁汽车公司从丙公司购买一批该车载空调安装于其生产的汽车上，戊公司从丁公司购买一辆汽车开展运输业务。关于甲公司获得专利、乙公司的研发销售等行为，丙、丁、戊均不知情。下列哪一项说法是正确的？（　　）

A. 乙公司自己研发的技术并实施，没有侵犯甲公司的专利权
B. 丙公司不知情且有合法的购货来源，所以没有侵犯甲公司的专利权
C. 丁公司应当承担赔偿责任
D. 戊公司可以不停止使用

☑ 多项选择题

1. 甲公司获得一项用于自行车雨伞装置的实用新型专利，发现乙公司生产的自行车使用了该技术，遂向法院起诉，要求乙公司停止侵害并赔偿损失 10 万元。甲公司的下列哪些做法是正确的？（　　）

A. 向乙公司所在地的基层法院起诉
B. 起诉时未向受理法院提交国家知识产权局出具的该专利书面评价报告
C. 将仅在说明书中表述而未在权利要求中记载的技术方案纳入专利权的保护范围
D. 举证期届满后法庭辩论终结前变更其主张的权利要求

2. 中国甲公司的一项发明在中国和 A 国均获得了专利权。中国的乙公司与甲公司签订了中国地域内的专利独占实施合同。A 国的丙公司与甲公司签订了在 A 国地域内的专利普通实施合同并制造专利产品，A 国的丁公司与乙公司签订了在 A 国地域内的专利普通实施合同并制造专利产品。中国的戊公司、庚公司分别从丙公司和丁公司进口这些产品到中国使用。下列哪些说法是正确的？（　　）

A. 甲公司应向乙公司承担违约责任
B. 乙公司应向甲公司承担违约责任
C. 戊公司的行为侵犯了乙公司的专利独占实施权
D. 庚公司的行为侵犯了甲公司的专利权

3. A 公司获得一种新型药品制造方法的发明专利权后，发现市场上有大量 B 公司制造的该种新型药品出售，遂向法院起诉要求 B 公司停止侵权并赔偿损失。下列哪些说法是错误的？（　　）

A. 所有基层法院均无该案管辖权
B. B 公司应当承担自己的药品制造方法与 A 公司的专利方法不同的证明责任
C. B 公司如能证明自己实施的技术属于现有技术，法院应告知 B 公司另行提起专利无效宣告

D. 如侵犯专利权成立，即使没有证据确定损害赔偿数额，A 公司仍可获得 3 万元以上 500 万元以下的赔偿额

4. 甲、乙两公司各自独立发明了相同的节水型洗衣机。甲公司于 2021 年 6 月申请发明专利权，专利局于 2022 年 12 月公布其申请文件，并于 2023 年 12 月授予发明专利权。乙公司于 2021 年 5 月开始销售该种洗衣机。另查，本领域技术人员通过拆解分析该洗衣机，即可了解其节水的全部技术特征。丙公司于 2022 年 12 月看到甲公司的申请文件后，立即开始制造并销售相同的洗衣机。2024 年 1 月，甲公司起诉乙、丙两公司侵犯其发明专利权。关于甲公司的诉请，下列哪些说法是正确的？（　　）

A. 如甲公司的专利有效，则丙公司于 2022 年 12 月至 2023 年 11 月使用甲公司发明的行为构成侵权

B. 如乙公司在答辩期内请求国家知识产权局宣告甲公司的专利权无效，则法院应中止诉讼

C. 乙公司如能证明自己在甲公司的专利申请日之前就已制造相同的洗衣机，且仅在原有制造能力范围内继续制造，则不构成侵权

D. 丙公司如能证明自己制造销售的洗衣机在技术上与乙公司于 2021 年 5 月开始销售的洗衣机完全相同，法院应认定丙公司的行为不侵权

5. 冯某绘制了具有新颖性的熊猫图案，德乐公司未经冯某许可将该熊猫图案印在垃圾桶上，并申请取得了外观设计专利。伯恩公司未经许可制造了一批相同的垃圾桶。喜登公司对此不知情，从伯恩公司购买垃圾桶若干用于旗下的餐厅。下列哪些说法是正确的？（　　）

A. 德乐公司侵犯了冯某的著作权，冯某有权申请德乐公司的专利无效

B. 如果伯恩公司对德乐公司取得专利权不知情，则不承担赔偿责任

C. 喜登公司没有侵犯德乐公司的专利权，可以不停止使用且不支付费用

D. 喜登公司侵犯了德乐公司的专利权，应停止使用但不需支付费用

6. 甲公司研发出一种新型培育方法并获得发明专利，依据该方法可以培育出 C 型对虾。乙公司未获得授权，私自采用该方法培育 C 型对虾，并将 C 型对虾卖给丙公司生产虾酱，丁超市向丙公司批发大量虾酱用于销售。戊科学研究所运用甲公司的培育方法培育对虾后，发现对虾质量不高，所以改良和创新了培育方法，培育出了高质量的 C 型对虾。对此，下列哪些主体侵犯了甲公司的专利权？（　　）

A. 乙公司
B. 丙公司
C. 丁超市
D. 戊科学研究所

名词解释

1. 相同侵权
2. 等同侵权
3. （专利制度中的）先用权与优先权

简答题

1. 简述侵害专利权行为的构成要件。
2. 简述侵害专利权承担的民事责任。
3. 简述在侵犯专利权纠纷中被侵权人的救济途径。

案例分析题

A公司有一个实用新型专利，2020年12月获得专利权P1；2022年12月在P1的基础上稍加改进，申请了新的专利，并于2024年获得了专利权P2。B公司有一个设计，被A公司控告侵犯了P2专利权。B公司请求法院确认P2专利权无效。经法院比对，B公司的设计和P2基本相同。

（1）P2是否无效？原因是什么？
（2）B公司可否以现有技术抗辩？原因是什么？
（3）B公司是否侵犯了P2专利权？原因是什么？
（4）B公司是否侵犯了P1专利权？原因是什么？

第十四章 植物新品种权和集成电路布图设计权

基础知识图解

植物新品种权和集成电路布图设计权
- 植物新品种权
  - 概念
  - 对象
  - 取得与归属
  - 内容与限制
  - 侵害植物新品种权的法律责任
- 集成电路布图设计权
  - 概念
  - 对象
  - 取得与归属
  - 内容和属性
  - 侵害集成电路布图设计权的法律责任

配套测试

单项选择题

1. 我国植物新品种权的保护期限自授权之日起，藤本植物的保护期为（　　）。
A. 15 年　　　　　　　B. 20 年　　　　　　　C. 25 年　　　　　　　D. 10 年

2. 集成电路布图设计专有权的保护期起算时间为（　　）。
A. 自创作完成之日起算　　　　　　　B. 自首次商业利用之日起算
C. 自登记申请日起算　　　　　　　　D. 自公告授权日起算

3. 集成电路布图设计权的取得方式是（　　）。
A. 自动取得　　　　　　　　　　　　B. 登记取得
C. 使用取得　　　　　　　　　　　　D. 公告取得

4. 植物新品种权的"新颖性"要求是指（　　）。
A. 申请日前未在国内市场销售　　　　B. 申请日前未在国内外公开销售超过 1 年
C. 申请日前未被他人申请品种权　　　D. 申请日前未通过文献公开

多项选择题

1. 植物新品种权的侵权行为包括（　　）。
A. 未经许可生产授权品种繁殖材料　　B. 销售授权品种的繁殖材料
C. 农民自繁自用授权品种繁殖材料　　D. 为商业目的重复使用授权品种培育新种

2. 集成电路布图设计专有权的内容包括（　　）。
A. 复制权　　　　　B. 商业利用权　　　C. 进口权　　　　　D. 反向工程权
3. 集成电路布图设计"独创性"要求是指（　　）。
A. 设计是创作者独立完成　　　　　　B. 设计属于行业常规设计
C. 设计具有非显而易见性　　　　　　D. 设计具有实用性
4. 植物新品种权的强制许可适用情形包括（　　）。
A. 品种权人滥用权利阻碍市场竞争　　B. 公共利益需求（如粮食危机）
C. 国家紧急状态　　　　　　　　　　D. 科研机构非商业性使用

简答题

简述植物新品种权在保护期限届满前提前终止的情形。

第三编　商标权与其他商业标记权

第十五章　商标权的对象

基础知识图解

商标权的对象
- 商标概述
  - 商标的概念
  - 商标的功能
  - 商标的种类
- 商标注册条件
  - 合法性
  - 显著性
  - 非功能性
  - 不与他人在先权利和权益相冲突

配套测试

单项选择题

1. 商标可以使用下列的文字和图形（　　）。
A. 黑又亮（鞋油）　　　　　　　B. 中国（牙膏）
C. 五星红旗（粉笔）　　　　　　D. 穿不坏（衣服）

2. 商标使用的文字、图形或者组合，应当有（　　）。
A. 新颖性　　　　　　　　　　　B. 创造性
C. 显著特征，便于识别　　　　　D. 富有美感并适于应用

3. 为了创造自己的品牌，某内衣专卖店注册了"活得好"商标，该商标的性质属于哪一类商标？（　　）
A. 服务商标　　B. 证明商标　　C. 商品商标　　D. 集体商标

4. 在商标权人连续三年无正当理由不使用注册商标的情况下，下列说法哪个是正确的？（　　）
A. 对于该商标，任何人均可以提出商标异议
B. 对于该商标，任何人均可以提出注册商标争议
C. 对于该商标，任何人均可以申请商标局予以撤销
D. 对于该商标，任何人均可以直接向商标局提出相同或类似商标的注册申请

5. A品牌牙膏所使用的注册商标"B"，是中药牙膏的主要原料，在疗效上起主要作用，下列对该商标的认识，哪一项是正确的？（　　）
A. 表示商品主要原料的标志不得作为商标注册，因此"B"作为牙膏的商标应予撤销
B. "B"为中草药名称，是药物牙膏的主要原料，该标志不具有显著特征

C. A 品牌牙膏的标志经长期独家使用，已产生了识别性，因此具备了商标的显著特征
D. 其他牙膏厂也可以使用该商标

6. 下列商标，不属于视觉商标的是（　　）。
A. 平面商标　　　　　　　　　　B. 立体商标
C. 文字商标　　　　　　　　　　D. 气味商标

7. 为防止已为公众熟知的产品商标被侵犯，商标权人在其他不同类别的商品上注册与该商标相同的商标，这种商标是（　　）。
A. 防御商标　　　　　　　　　　B. 驰名商标
C. 证明商标　　　　　　　　　　D. 联合商标

8. 绿色食品标志为中国注册的第一个（　　）。
A. 驰名商标　　　　　　　　　　B. 证明商标
C. 图形商标　　　　　　　　　　D. 集体商标

9. 某公司有一注册商标"苹果"被核定使用于洗衣机上。为了有效保护该商标，该公司在洗衣机上又申请注册了"红苹果""青苹果""黄苹果"三件商标，这三件商标是（　　）。
A. 联合商标　　　　　　　　　　B. 防御商标
C. 集体商标　　　　　　　　　　D. 证明商标

10. 依照我国《商标法》，下列商标中不违反法律禁止性规定的是（　　）。
A. 暖和牌棉裤　　　　　　　　　B. 明亮牌灯泡
C. 粮食牌白酒　　　　　　　　　D. 甜蜜牌衬衣

11. 某企业在其生产的人用药品上使用"病必治"商标，但未进行注册。下列哪一选项是正确的？（　　）
A. 该企业使用该商标违法，因人用药品商标必须注册
B. 该商标具有欺骗性，容易使公众对商品的质量产生误认
C. 该商标可以使用，但不得注册
D. 该商标通过使用获得显著性后，可以注册

☑ 多项选择题

1. 下列商标，哪些可以经核准注册而受到法律保护？（　　）
A. 商品商标　　　　　　　　　　B. 服务商标
C. 集体商标　　　　　　　　　　D. 证明商标

2. 根据《商标法》的规定，注册商标包括（　　）。
A. 服务商标　　　　　　　　　　B. 防御商标
C. 证明商标　　　　　　　　　　D. 集体商标

3. 以三维标志申请注册商标的，仅（　　），不得注册。
A. 由商品自身的性质产生的形状　B. 为获得技术效果而需要的商品形状
C. 使商品具有实质性价值的形状　D. 使商品具有美感的形状

4. 我国《商标法》除保护商品商标外还保护（　　）。
A. 服务商标　　　　　　　　　　B. 立体商标
C. 气味商标　　　　　　　　　　D. 集体商标

5. 甲公司生产"美多"牌薰衣草保健枕，"美多"为注册商标，薰衣草为该枕头的主要原料之一。其产品广告和包装上均突出宣传"薰衣草"，致使"薰衣草"保健枕被消费者熟知，其他厂商也推出"薰衣草"保健枕。后"薰衣草"被法院认定为驰名商标。下列哪些表述是正确

的？（　　）

　　A. 甲公司可在一种商品上同时使用两件商标
　　B. 甲公司对"美多"享有商标专用权，对"薰衣草"不享有商标专用权
　　C. 法院对驰名商标的认定可写入判决主文
　　D. "薰衣草"叙述了该商品的主要原料，不能申请注册

6. 使用注册商标应当标明"注册商标"字样或者标明注册标记，这些字样或者标记应当标明在（　　）。

　　A. 商品上　　　　　　　　　　　　B. 商品包装上
　　C. 商品说明书上　　　　　　　　　D. 商品的其他附着物上

7. 下列标志，哪些不得作为商标使用？（　　）

　　A. 天安门　　　　　　　　　　　　B. 红新月
　　C. 直接表示商品质量的标志　　　　D. 商品的通用名称

8. 在我国使用注册商标，应当将注册标记®有选择地标明在（　　）上。

　　A. 商品的外包装　　　　　　　　　B. 商品
　　C. 商品说明书　　　　　　　　　　D. 商品的质量合格证

9. 河川县盛产荔枝，远近闻名。该县成立了河川县荔枝协会，申请注册了"河川"商标，核定使用在荔枝商品上，许可本协会成员使用。加入该荔枝协会的农户将有"河川"商标包装的荔枝批发给盛联超市销售。超市在销售该批荔枝时，在荔枝包装上还加贴了自己的注册商标"盛联"。下列哪些说法是正确的？（　　）

　　A. "河川"商标是集体商标
　　B. "河川"商标是证明商标
　　C. "河川"商标使用了县级以上行政区划名称，应被宣告无效
　　D. 盛联超市的行为没有侵犯商标权

10. 下列文字图形不得用于商标的有（　　）。

　　A. 以五星红旗图案为商标
　　B. 某商标图案为一年轻妇女手持酒壶与酒杯并配有"二房"二字
　　C. 某商标图案为五颗星星映照下的天安门城楼
　　D. 以红十字图案为商标

名词解释

1. 商标
2. 服务商标
3. 集体商标
4. 证明商标
5. 联合商标
6. 防御商标

简答题

1. 简述商标与其他商业标志的区别。
2. 简述商标的功能。
3. 简述商标的显著性。
4. 简述证明商标与普通商标的异同。

第十六章　商标权的取得和消灭

基础知识图解

$$
\text{商标权的取得和消灭}\begin{cases}\text{商标权取得的基本原则}\begin{cases}\text{使用取得原则}\\\text{注册取得原则}\\\text{混合取得原则}\end{cases}\\\text{商标权的取得程序}\begin{cases}\text{商标注册申请}\\\text{商标注册申请的审查}\\\text{异议}\\\text{复审}\\\text{司法审查}\end{cases}\\\text{商标权消灭}\begin{cases}\text{注册商标的注销}\\\text{注册商标的无效}\\\text{注册商标的撤销}\end{cases}\end{cases}
$$

配套测试

单项选择题

1. 注册商标的有效期为（　　），自核准注册之日起计算；期满可以续展。每次续展注册的有效期为（　　）。

A. 5 年　3 年
B. 10 年　10 年
C. 15 年　10 年
D. 10 年　7 年

2. 注册商标的续展，（　　）。

A. 应在期满前 12 个月内申请，否则即注销其注册商标
B. 每次续展的有效期为 20 年
C. 以一次为限
D. 注册商标有效期满，若商标权人此前未提出续展申请，可以给予 6 个月的宽展期，宽展期间仍可提出续展申请

3. 甲公司于 2024 年 8 月 1 日以"满福春"申请注册食品商标和服务商标。经查，乙食品厂曾于 2014 年 3 月 1 日取得"满福春"食品注册商标，但至今未提出该注册商标的续展申请。在此情况下，商标局应如何处理？（　　）

A. 可以核准该食品商标和服务商标
B. 不予核准该食品商标和服务商标

C. 可以核准该服务商标，但不核准该食品商标

D. 可以核准该服务商标，但延迟核准该食品商标

4. 商标权的有效期为 10 年，自（　　）起计算。

A. 商标使用之日　　　　　　　　　B. 商标注册申请之日

C. 商标核准注册之日　　　　　　　D. 公告之日

5. 对商标局初步审查的商标，自公告之日起（　　），任何人均可以提出异议。

A. 15 日内　　　B. 30 日内　　　C. 45 日内　　　D. 3 个月内

6. 对驳回申请、不予公告的商标，国家知识产权局应当书面通知申请人。申请人不服的，可以在收到通知（　　）内申请复审，由国家知识产权局作出决定，并（　　）通知申请人。

A. 15 日　终局　　B. 30 日　终局　　C. 15 日　书面　　D. 30 日　书面

7. 商标注册的申请日期，以（　　）为准。

A. 申请人送交申请文件的日期　　　B. 商标局收到申请文件的日期

C. 申请人完成申请注册商标的日期　D. 商标局初步审查的日期

8. 注册商标的申请，下列说法不正确的是（　　）。

A. 需在同一类的其他商品上使用的，应当另行提出注册申请

B. 需变更注册人的名义的，应提出变更申请

C. 需改变文字、图形的，应重新提出注册申请

D. 注册商标需变更注册人地址的，不必再行申请，只需告知商标局即可

9. 商标的异议，（　　）。

A. 应对已注册商标提出

B. 应自该商标经核准注册之日起一年内提出

C. 对不得作为商标使用或注册的标志作为商标使用或注册的异议任何人均可提出

D. 应向国家知识产权局提出

10. 商标注册申请的审查、核准程序包括以下几项：（1）确定申请日；（2）异议；（3）实质审查；（4）初步审定并公告；（5）核准注册。顺序正确的一项应该是（　　）。

A.（1）（2）（3）（4）（5）　　　B.（1）（3）（4）（2）（5）

C.（1）（3）（2）（4）（5）　　　D.（1）（4）（3）（2）（5）

11. 商标注册的申请日期以下列选项中的何者为准？（　　）

A. 申请人寄出申请书件的日期　　　B. 商标局收到申请书件的日期

C. 商标局编定的申请号的日期　　　D. 商标局发出《受理通知书》的日期

12. 商标注册的申请日期以（　　）为准。

A. 当事人向国家知识产权局直接递交文件或者材料的，以递交日为准

B. 当事人向国家知识产权局邮寄文件或者材料的，以寄出的邮戳日为准

C. 邮戳日不清晰或者没有邮戳的，以国家知识产权局实际收到日为准

D. 不论当事人以何种方式向国家知识产权局递交文件或者材料，均以商标局收到申请文件的日期为准

13. 以下说法正确的是（　　）。

A. 国家知识产权局对申请注册的商标初步审定并予以公告后，只有与该商标的注册有利害关系的人才可以提出异议

B. 对初步审定的商标的异议，必须自商标申请日起 3 个月内提出

C. 申请注册的商标，同他人在同一种商品上已经初步审定的商标近似的，国家知识产权局将驳回申请，不予公告

D. 当事人对国家知识产权局的决定或者裁定不服的，不可以向人民法院起诉

14. 某厂家被核准注册使用"兰花"牌商标，后其自行改变为"兰草"，结果商标局将"兰花"商标撤销，自撤销之日起（　　）内，商标局不予核准"兰花"商标的注册申请。
　A. 3个月　　　　　　B. 半年　　　　　　C. 1年　　　　　　D. 两年

15. 如外国企业在我国申请注册商标，下列哪一说法是正确的？（　　）
　A. 应当委托在我国依法成立的律师事务所代理
　B. 所属国必须已加入《保护工业产权巴黎公约》
　C. 所属国必须已加入世界贸易组织
　D. 如所属国商标注册主管机关曾驳回了其商标注册申请，该申请在我国仍有可能获准注册

16. 佳普公司在其制造和出售的打印机和打印机墨盒产品上注册了"佳普"商标。下列未经该公司许可的哪一行为侵犯了"佳普"注册商标专用权？（　　）
　A. 甲在店铺招牌中标有"佳普打印机专营"字样，只销售佳普公司制造的打印机
　B. 乙制造并销售与佳普打印机兼容的墨盒，该墨盒上印有乙的名称和其注册商标"金兴"，但标有"本产品适用于佳普打印机"
　C. 丙把购买的"佳普"墨盒装入自己制造的打印机后销售，该打印机上印有丙的名称和其注册商标"东升"，但标有"本产品使用佳普墨盒"
　D. 丁回收墨水用尽的"佳普"牌墨盒，灌注廉价墨水后销售

17. 营盘市某商标代理机构，发现本市甲公司长期制造销售"实耐"牌汽车轮胎，但一直未注册商标，该机构建议甲公司进行商标注册，甲公司负责人鄢某未置可否。后鄢某辞职新创立了乙公司，鄢某委托该商标代理机构为乙公司进行轮胎类产品的商标注册。关于该商标代理机构的行为，下列哪一选项是正确的？（　　）
　A. 乙公司委托注册"实耐"商标，该商标代理机构不得接受委托
　B. 乙公司委托注册"营盘轮胎"商标，该商标代理机构不得接受委托
　C. 乙公司委托注册普通的汽车轮胎图形作为商标，该商标代理机构不得接受委托
　D. 该商标代理机构自行注册"捷驰"商标，用于转让给经营汽车轮胎的企业

18. 韦某开设了"韦老四"煎饼店，在当地颇有名气。经营汽车配件的个体户肖某从外地路过，吃过后赞不绝口。当发现韦某尚未注册商标时，肖某就餐饮服务注册了"韦老四"商标。关于上述行为，下列哪一说法是正确的？（　　）
　A. 韦某在外地开设新店时，可以使用"韦老四"标识
　B. 如肖某注册"韦老四"商标后立即起诉韦某侵权，韦某并不需要承担赔偿责任
　C. 肖某的商标注册恶意侵犯韦某的在先权利，韦某可随时请求宣告该注册商标无效
　D. 肖某注册商标核定使用的服务类别超出了肖某的经营范围，韦某可以此为由请求宣告该注册商标无效

19. 下列商品中必须使用注册商标的是（　　）。
　A. 卷烟　　　　　　B. 儿童食品　　　　　　C. 护肤用品　　　　　　D. 保健品

20. H国某公司打算到中国申请商标注册，向该国的一位律师咨询，得到如下意见。其中哪一说法不符合中国法律的规定？（　　）
　A. "H国没有参加有关商标注册的国际公约，也没有与中国签订有关的协议，所以，贵公司不能直接在中国申请商标注册"
　B. "贵公司可以到中国投资设立一家独资的公司，然后以这家公司的名义申请商标注册"
　C. "贵公司投资设立的这家公司申请商标注册，可以自己的名义直接办理"
　D. "贵公司也可以在中国直接收购一个注册商标，用它在中国市场销售自己的产品"

21. 有关申请商标注册的下列表述中哪一个是正确的？（   ）

A. 申请人必须委托商标代理组织代理申请

B. 申请人申报的商品，不得超出其核准或登记的经营范围

C. 两个以上的申请人在同一种或类似商品上，以相同或近似商标在同一天申请注册的，各申请人可以协商；协商不成的，由申请人抽签决定

D. 外国人申请商标注册，应当使用中文或商标局允许使用的五种外国文字

22. 对国家知识产权局撤销注册商标的决定不服的，当事人可以在收到通知后的法定时间内，向（   ）提出复审。

A. 商标局　　　　　　　　　　　　　B. 国家知识产权局

C. 人民法院　　　　　　　　　　　　D. 地方市场监督管理部门

23. 甲公司注册了商标"霞露"，用于日用化妆品等商品上，下列哪一选项是正确的？（   ）

A. 甲公司要将该商标改成"露霞"，应向商标局提出变更申请

B. 乙公司在化妆品上擅自使用"露霞"为商标，甲公司有权禁止

C. 甲公司因经营不善连续三年停止使用该商标，该商标可能被注销

D. 甲公司签订该商标转让合同后，应单独向商标局提出转让申请

24. 根据商标法的有关规定，下列判断正确的是（   ）。

A. 不符合商标法规定的商标要件的"商标"无法取得注册，但不妨碍实际使用

B. 国家知识产权局对注册商标争议有权处理

C. 企事业单位、个体工商户和公民都可以依法取得商标权

D. 对以欺骗手段取得注册的商标提起争议的期限是该商标取得注册之日起一年内

25. 甲公司于2020年2月开始使用"乐翻天"作为其儿童玩具的商品名称，其注册商标为"熊猫"。在玩具包装和广告宣传中，均突出宣传"乐翻天"，致使消费者熟知"乐翻天"而不熟悉其注册商标。2024年3月，当地的乙公司对本公司的儿童玩具申请注册为"乐翻天"，3年后取得了商标注册证。下列哪一选项是正确的？（   ）

A. 乙公司的行为属于合法竞争

B. 甲公司可向国家知识产权局申请撤销乙公司的注册商标

C. 乙公司没有侵犯甲公司的商标专用权

D. 乙公司对"乐翻天"享有先用权

☑ 多项选择题

1. 根据《商标法》的规定，下列命题正确的有（   ）。

A. 注册商标有效期满，需要继续使用的，应当在期满前十二个月内申请续展注册；在此期间，未能提出申请的，可以给予六个月的宽展期，宽展期满仍未提出申请的，注销其注册商标

B. 注册商标转让的，受让人仅取得注册商标使用权

C. 注册商标需要变更注册人的名义、地址或其他注册事项，应重新提出注册申请

D. 凡投放到市场的人用药品都必须使用注册商标

2. 某酒厂生产一种优质酒驰名中外，该厂于2010年12月30日经国家商标局核准取得注册商标。请判断下列各项哪些符合商标法的规定？（   ）

A. 该注册商标的有效期到2020年12月30日

B. 该注册商标的有效期到2025年12月30日

C. 注册商标有效期满，如果需要继续使用，该厂应该在2020年6月30日至2020年12月30

日申请续展注册
- D. 注册商标有效期满，如果需要继续使用，该厂应该在 2020 年 1 月 1 日至 2020 年 12 月 30 日申请续展注册

3. 甲公司有一注册商标，其有效期将于 2023 年 6 月 1 日届满，该公司需要继续使用此商标，便向乙律师提出咨询。乙律师的下列意见中正确的有（　　）。
- A. "你公司可以在 2023 年 1 月 1 日至 6 月 1 日期间向商标局申请续展注册"
- B. "如果你们在上述期间没有提出续展申请，过了 6 月 1 日就不能提出申请了，这样，你们的注册商标就会被注销"
- C. "只要你们在此期间提出续展申请，商标局就有义务办理续展注册，不存在被拒绝或驳回的问题"
- D. "每次续展注册的有效期是 10 年。下次期满前，可以再续展，续展的次数没有限制"

4. 商标注册申请人自其在某外国第一次提出商标注册申请之日起六个月内，又在中国就相同商品以同一商标提出注册申请的，依据下列哪些情形可享有优先权？（　　）
- A. 该外国同中国签订的协议
- B. 该外国同中国共同参加的国际条约
- C. 该外国同中国相互承认优先权
- D. 该外国同中国有外交关系

5. 甲公司的一个注册商标的有效期将于 2024 年 4 月 10 日届满，以下做法中，能够使甲公司继续享有对该商标的专用权的有（　　）。
- A. 于 2023 年 3 月 10 日向商标局申请续展注册
- B. 于 2023 年 8 月 10 日向商标局申请续展注册
- C. 于 2024 年 8 月 10 日向商标局申请续展注册
- D. 于 2024 年 11 月 10 日向商标局申请续展注册

6. 商标局接受了一批商标注册申请，经审查，应当依法驳回（　　）的商标注册申请。
- A. 美利坚合众国果汁
- B. 奥林匹克运动衣
- C. 英雄牌钢笔
- D. 红新月牌健身器

7. 申请注册的商标，不得使用下列哪些文字和图形？（　　）
- A. 同政府间国际组织的旗帜、徽记、名称相同或近似的
- B. 直接表示商品的质量、主要原料、功能、用途、重量、数量及本商品的通用名称和图形的
- C. 带有民族歧视性的，或者带有欺骗性容易使公众对商品的质量等特点或者产地产生误认的
- D. 县级以上行政区划的地名或者公众知晓的外国地名

8. 某公司以"OCR"作为计算机文字识别系统软件商标获得注册。"OCR"为计算机文字识别系统的国际通用名称。对此的以下说法中，哪些是正确的？（　　）
- A. 该项注册商标违反了商标法关于不该使用的文字、图形的规定
- B. 任何单位或个人可以请求国家知识产权局宣告该注册商标无效
- C. 该注册商标被宣告无效后，应视为自始不存在，该公司以前通过该注册商标的使用许可取得的收入应予返还
- D. 在宣告无效以前人民法院作出的侵犯该注册商标的侵权案件判决尚未执行的，不再执行

9. 国家规定并由市场监督管理部门公布必须使用注册商标的商品有（　　）。
- A. 人用药品
- B. 儿童食品
- C. 电子产品
- D. 烟草制品

10. 王某对"莲花"这一外观设计享有专利权。甲公司未经王某允许以该外观设计申请注册商标，王某对此可采取的做法有（　　）。
- A. 向法院提起专利权侵权之诉

B. 对经过初步审定的"莲花"商标提出异议

C. 与甲公司协商，达成专利权使用许可协议

D. 对国家知识产权局的裁定不服不可以向人民法院起诉

11. 甲公司所有的注册商标"天下景"，主要使用于电器产品，现被人提起撤销申请，理由是连续 3 年没有使用。经查，甲公司确实从来没有在电器产品上使用过该注册商标，但甲公司提供了在 3 年中使用过该商标的证据，问：哪些证据能够成立？（　　）

A. 甲公司对外签署的购销电器的合同文本上，总是陈述公司产品的注册商标为"天下景"

B. 甲公司曾于 1 年前召开的一次国内展览会上，在自己印制的宣传材料上说明自己拥有"天下景"商标

C. 甲公司曾在自己生产的食品上使用过该注册商标

D. 甲公司国外的分公司在当地注册了"天下景"商标

12. 甲公司的"老干爷"牌注册商标被乙厂以连续 3 年停止使用为由请求撤销注册。为此，甲公司向商标局提供以下事实。其中哪些可作为"老干爷"商标的使用证明？（　　）

A. "老干爷"商标用于广告宣传　　　　B. "老干爷"商标已授权他人使用

C. 甲公司的营业执照　　　　　　　　D. "老干爷"商标用于甲公司的产品介绍

13. 甲公司将其生产的白酒独创性地取名为"逍遥乐"，并在该酒的包装、装潢和广告中突出宣传酒名，致"逍遥乐"被消费者熟知，声誉良好。乙公司知道甲公司没有注册"逍遥乐"后，将其作为自己所产白酒的商标使用并抢先注册。该商标注册申请经商标局初步审定并公告。下列哪些说法是错误的？（　　）

A. 甲公司有权在异议期内向商标局提出异议，反对核准乙公司的注册申请

B. 如"逍遥乐"被核准注册，甲公司有权主张先用权

C. 如"逍遥乐"被核准注册，甲公司有权向国家知识产权局请求撤销该商标

D. 甲公司有权向法院起诉请求乙公司停止使用并赔偿损失

14. 甲公司是《保护工业产权巴黎公约》成员 A 国的企业，于 2023 年 8 月 1 日向 A 国在牛奶产品上申请注册"白雪"商标被受理后，又于 2024 年 5 月 30 日向我国商标局申请注册"白雪"商标，核定使用在牛奶、糕点和食品容器这三类商品上。下列哪些说法是错误的？（　　）

A. 甲公司应委托依法设立的商标代理机构代理申请商标注册

B. 甲公司必须提出三份注册申请，分别在三类商品上申请注册同一商标

C. 甲公司可依法享有优先权

D. 如商标局在异议程序中认定"白雪"商标为驰名商标，甲公司可在其牛奶包装上使用"驰名商标"字样

15. 以欺骗手段或者其他不正当手段取得商标注册的行为，包括（　　）。

A. 虚构、隐瞒事实真相或者伪造申请书及有关文件进行注册的

B. 违反诚实信用原则，以复制、模仿、翻译等方式，将他人已为公众熟识的商标进行注册的

C. 未经授权，代理人以其名义将被代理人的商标进行注册的

D. 侵犯他人合法的在先权利进行注册的

16. 使用注册商标，在下列哪些情况下，由商标局责令限期改正或撤销其注册商标？（　　）

A. 自行改变注册商标的文字、图形或者其组合的

B. 自行改变注册商标的注册人名义、地址或者其他注册事项的

C. 注册商标成为其核定使用的商品的通用名称的

D. 没有正当理由连续三年停止使用的

17. 以下说法正确的有（　　）。

A. "OCR"是计算机文字识别系统的国际通用名称,某公司以"OCR"作为计算机文字识别系统软件商标获得注册,国家知识产权局主动宣告了该注册商标无效
B. "OCR"是计算机文字识别系统的国际通用名称,某公司以"OCR"作为计算机文字识别系统软件商标获得注册,国家知识产权局无权利主动宣告该注册商标无效
C. 甲公司申请注册了一个商标,乙公司知道后,认为该商标是摹仿其已经注册的驰名商标,自该商标注册之日起5年内,乙公司不可以请求国家知识产权局宣告该注册商标无效
D. 甲公司申请注册了一个商标,乙公司知道后,认为该商标是摹仿其已经注册的驰名商标,自该商标注册之日起5年内,乙公司可以请求国家知识产权局宣告该注册商标无效

18. 下列说法错误的有( )。
A. 甲公司于2013年2月1日取得了"太阳花"商品注册商标,至今未提出续展申请。2024年2月3日,乙公司以"太阳花"申请注册商标,商标局予以核准注册,发给乙公司商标注册证,并予公告
B. 甲公司销售使用未注册商标的卷烟,地方市场监督管理部门责令其限期申请注册,并处以罚款
C. 甲公司申请注册的商标经过了商标局的初步审定,可以在其商品上标注"注册商标"
D. 因为甲公司不需要申请注册商标,所以可以在其未注册的商标中使用"红新月"的标志

19. 2019年,甲饮料厂开始制造并销售"香香"牌果汁并已产生一定影响。甲在外地的经销商乙发现甲尚未注册"香香"商标,就于2023年在果汁和碳酸饮料两类商品上同时注册了"香香"商标,但未实际使用。2024年,乙与丙饮料厂签订商标转让协议,将果汁类"香香"商标转让给了丙。对此,下列哪些选项是正确的?( )
A. 甲可随时请求宣告乙注册的果汁类"香香"商标无效
B. 乙应将注册在果汁和碳酸饮料上的"香香"商标一并转让给丙
C. 乙就果汁和碳酸饮料两类商品注册商标必须分别提出注册申请
D. 甲可在果汁产品上附加区别标识,并在原有范围内继续使用"香香"商标

20. 2021年,甲公司在其生产的箱包和皮带上分别使用了白鸽商标和橄榄枝商标,二者都没有注册但均有一定影响力。其供应商乙公司发现商标没有注册,遂于2024年将白鸽商标注册在自己生产的行李箱商品上。丁公司注册了大量商标但均未实际使用,其中包括在皮带上注册的橄榄枝商标。对此,下列哪些说法是正确的?( )
A. 若丁公司起诉甲公司承担赔偿责任,甲公司可以丁公司注册商标3年未使用为由抗辩
B. 若甲公司宣告丁公司的注册商标无效,应当在5年内提出
C. 若乙公司起诉甲公司商标侵权,甲公司可以在先使用为由抗辩
D. 甲公司可以在5年内申请宣告乙公司的注册商标无效

21. 外国人或外国企业在中国办理商标事宜的,( )。
A. 一律应委托国家指定的组织代理
B. 在华有经常居住地或主营业地的,与中国公民或法人在实体和程序上享有同等权利
C. 按其所属国与我国签订的协议或共同参加的国际条约享有实体权利
D. 其所属国没有与我国签订相关协议或共同参加国际条约的,按对等原则办理

22. 甲公司在食品上注册"乡巴佬"商标后,与乙公司签订转让合同,获五万元转让费。合同履行后,乙公司起诉丙公司在食品上使用"乡巴佬"商标的侵权行为。法院作出侵权认定的判决书刚生效,"乡巴佬"注册商标就因有"不良影响"被依法宣告无效。下列哪些说法是错误的?( )
A. "乡巴佬"商标权视为自始不存在

B. 甲公司应当向乙公司返还五万元
C. 宣告"乡巴佬"商标无效的裁定对侵权判决不具有追溯力
D. 丙公司可以将"乡巴佬"商标作为未注册商标继续使用

名词解释

1. 注册商标的撤销
2. 注册商标的注销
3. 商标异议
4. 商标权的主体范围
5. 在先权利

简答题

1. 简述对商标不得注册的绝对事由的审查。
2. 简述对商标不得注册的相对事由的审查。
3. 简述我国《商标法》对申请在先原则的运用。
4. 简述提起注册商标争议裁定须具备的条件。

论述题

论注册商标与未注册商标法律地位的区别。

案例分析题

1. 申请人常州某大气雾剂有限责任公司在第 35 类推销（替他人）服务项目上向商标局提出"Oscar 奥斯卡"商标注册申请，商标局以"'Oscar 奥斯卡'是公众熟知的美国电影奖，作为商标易产生不良影响"为由予以驳回。申请人对商标局驳回决定不服，向国家知识产权局申请复审。申请人称：申请商标为"Oscar 奥斯卡"，经查阅 1985 年版的《新英汉词典》，第一含义是常见的英美男士名，第二含义才是电影界的奥斯卡金像奖。且奥斯卡仅为著名电影奖项，本身不生产或销售任何东西，也不提供任何服务，消费者只会把它当作一种品牌，而不会想到其他。作为商标不带任何贬低、污辱等含义，不会产生不良影响。申请人所属海外公司已在美国加州登记注册开业，其名为 OscarAerosol, Inc.（奥斯卡气雾剂公司）。美国允许名为奥斯卡的公司注册，表明美国政府并不认为奥斯卡为特殊含义的专用词汇。在世界上许多国家都有以"OSCAR"为商标的产品。基于以上几点，申请人要求复审，并提交了支持其主张的相关证据。问：申请人的主张是否成立？

2. 2024 年 1 月，甲与乙饭店签订合作开办饭店协议一份。同年 3 月，乙饭店开业后，未悬挂店名，但在该店门上方悬挂"正宗厚味美包子第四代传人赵某第五代传人甲"内容的牌匾一块，其中"厚味美包子"为大字，其余为小字，并聘请甲为该店厨师。该店自 2024 年 3 月起经营包子。2013 年 12 月，多年经营厚味美包子的丙饮食公司取得厚味美牌商标注册证，当其发现甲与乙饭店的行为后，即向法院提起诉讼要求保护其商标专用权。甲与乙饭店辩称，制作悬挂的牌匾是对"厚味美"创始人及传人赵某和甲个人身份的宣传；且丙公司的商标已过有效期，所以法院应驳回。

请回答：丙饮食公司是否具有"厚味美"牌商标专用权？

3. 南湖某灯具厂于 2024 年 4 月向商标局申请为其产品注册"南湖"商标。4 月 10 日，商标局审查后认为"南湖"系县级以上行政区划名称而驳回申请，4月14日，灯具厂收到驳回通知。某邻县灯泡厂一直使用未注册的"南湖"商标。

请回答下列问题：

(1) 如灯具厂不服商标局驳回申请的决定，应在何月何日前向谁申请复审？

(2) 你认为复审结果应当是什么？请说明理由。

(3) 现设：复审结果维持初审决定，不予审定公告，请问：灯具厂能否就此向人民法院起诉？如能，应在何时提起诉讼？如不能，请说明理由。

(4) 现设：灯具厂商标注册后与某邻县灯泡厂经协商签订商标使用许可合同，前者允许后者使用"南湖"商标。请完成下列表述：

某邻县灯泡厂应在其产品或包装的显著位置标明_____。

灯具厂应将许可使用合同副本交送_____存查，报_____备案。

第十七章　商标权的内容与利用

基础知识图解

商标权的内容与利用 {商标权的内容 {商标专用权的概念, 商标权的效力}, 商标权的利用 {转让, 许可}}

配套测试

单项选择题

1. 注册商标需要改变文字、图形的，（　　）提出注册申请。
　A. 应当另行　　　　B. 应当重新　　　　C. 免予　　　　D. 不必

2. 以下四种情况中行为人需要重新提出注册申请的是（　　）。
　A. 注册商标需要在不同类别的商品上使用
　B. 注册商标需要在同一类的其他商品上使用
　C. 注册商标需要变更注册人的名义
　D. 注册商标需要改变其标志

3. 注册商标需要在核定使用范围之外的商品上取得商标专用权时，（　　）。
　A. 需要另行提出申请　　　　　　　　B. 可以直接使用
　C. 需要提出变更申请　　　　　　　　D. 是否需要申请根据具体情况而定

4. 根据《商标法》的有关规定，下列表述正确的有（　　）。
　A. 注册商标的转让，受让人只能取得注册商标的使用权
　B. 凡投放市场的人用药品均须使用注册商标
　C. 注册商标的转让，只需转让人和受让人之间签订注册商标转让协议即可
　D. 注册商标需要变更注册人的名义、地址、使用范围或其他事项时，应当重新提出注册申请

5. 个体经营户王小小从事理发服务业，以"一剪没"作为未注册商标长期使用，享有较高声誉。王小小通过签订书面合同许可其同一城区的表妹张薇薇使用"一剪没"商标从事理发业务。后张薇薇以自己的名义申请"一剪没"商标使用于理发业务并获得注册。下列哪一说法是正确的？（　　）
　A. 该商标使用许可合同自双方签字之日起生效
　B. 该商标使用许可合同应当报商标局备案
　C. 王小小有权自"一剪没"注册之日起 5 年内请求国家知识产权局宣告该注册商标无效
　D. 王小小有权自"一剪没"注册之日起 5 年内请求市场监督管理部门宣告该注册商标无效

6. 甲乙两公司签订注册商标使用许可合同，规定甲公司许可乙公司使用其注册商标，该合同

须（　　）。

A. 合同签订地政府核准

B. 经国家知识产权局核准

C. 经甲公司所在地县级以上市场监督管理部门核准

D. 报商标局备案

7. 甲将其注册商标转让给乙，乙（　　）享有商标专用权。

A. 自协议签订之日起　　　　　　　B. 自甲和乙共同向商标局提出申请之日起

C. 自商标局公告之日起　　　　　　D. 自乙收到相应证明之日起

8. 注册商标与未注册商标有以下区别（　　）。

A. 注册商标不得违反《商标法》禁用条款；不注册商标的所有人可以有例外

B. 注册商标的所有人享有商标专用权；未注册商标的使用人则不享有商标专用权

C. 注册商标可以是服务商标；未注册商标只能是商品商标

D. 注册商标可以由企业、事业单位和个体工商业者使用；未注册商标只能由生产者批量生产时使用

9. 注册商标的专用权，以（　　）为限。

A. 核准注册的商标　　　　　　　　B. 核定使用的商品

C. 核准注册的商标和核定使用的商品　D. 核定使用的同一种商品或者同一类商品

10. 甲向商标局申请某商标注册，商标局经初步审定，于2024年3月1日公告，5月20日乙向商标局书面提出异议，6月1日商标局作出裁定认为乙的异议不成立，6月10日，乙向国家知识产权局申请复审，该委员会在6月20日作出裁定，认为乙的异议成立。因此，甲在7月10日向人民法院提起诉讼，人民法院经审理于8月10日作出判决，认为乙的异议不成立。8月26日甲持法院生效判决申请商标局予以核准注册，当天商标局即给办理。则甲取得商标专用权的时间是（　　）。

A. 6月2日　　　　B. 6月20日　　　　C. 8月10日　　　　D. 8月26日

11. 关于我国的商标，下列说法正确的是（　　）。

A. 欲取得商标，需先向商标局注册

B. 凡使用未经核准注册商标的商品，一律不得在市场上销售

C. 我国法律采用自愿注册原则，任何商标皆由其使用人自己决定注册与否即可

D. 商标一经商标局核准注册，商标注册人即享有商标专用权

12. 两个或两个以上的申请人，在同一种商品或类似商品上，以相同或近似的商标申请注册的，应初步审定并公告（　　）的商标。

A. 申请在先　　　　　　　　　　　B. 使用在先

C. 由双方抽签决定　　　　　　　　D. 由双方协议决定

13. 对于同一日申请的，在同一种或相似商品上使用相同或相似的商标，应初步审定并公告（　　）的商标。

A. 使用在先　　　　　　　　　　　B. 发出申请日在前

C. 申请人信誉更好　　　　　　　　D. 由双方抽签决定

14. 甲厂准备在酱油上申请注册"山水牌"商标，乙厂准备在吸尘器上也申请注册"山水牌"商标，两厂在同一天申请，后经查甲厂比乙厂先使用该商标一个月，商标局应如何判定？（　　）

A. 甲厂有权用，对方无权用　　　　B. 乙厂有权用，对方无权用

C. 甲、乙厂都有权用　　　　　　　D. 甲、乙厂都无权用

15. 商品使用未经核准注册商标的，根据我国《商标法》的规定应当如何处理？（ ）

A. 一律不得在市场上销售，违者应受行政处罚

B. 原则上不许在市场上销售，但《商标法》另有规定的除外

C. 一律可以在市场上销售，但其商标不受法律保护

D. 原则上可以在市场上销售，但《商标法》另有规定的除外

16. 甲于2023年3月1日开始使用"建华"牌商标，乙于同年4月1日开始使用相同的商标。甲、乙均于2024年5月1日向商标局寄出注册"建华"商标的申请文件，但甲的申请文件于5月8日寄至，乙的文件于5月5日寄至。商标局应初步审定公告谁的申请？（ ）

A. 同时公告，因甲、乙申请日期相同

B. 公告乙的申请，因乙申请在先

C. 公告甲的申请，虽然甲、乙同时申请，但甲使用在先

D. 由商标局自由裁定

17. 德国博顿公司于2024年2月1日在我国政府举办的净水器国际展览会上首次在净水器上使用"蓝天"商标，中国的蓝天公司于同一天独立研发出相同的净水器并使用"蓝天"作为商标。博顿公司于2024年7月1日上午向我国商标局申请注册"蓝天"商标并主张优先权。蓝天公司于2024年7月1日下午向商标局申请注册"蓝天"商标。关于该商标权的归属，下列哪一项说法是正确的？（ ）

A. 博顿公司应获得"蓝天"商标，因为其享有优先权

B. 博顿公司应获得"蓝天"商标，因为其申请在先

C. 蓝天公司应获得"蓝天"商标，因为其使用在先

D. 应由博顿公司和蓝天公司协商，协商不成的，抽签决定

☑ 多项选择题

1. 甲公司通过商标使用许可合同，许可乙厂使用其"小铃铛"注册商标。对于乙生产销售"小铃铛"饮料的质量事宜，甲公司的做法中正确的是（ ）。

A. 甲公司不必过问，由乙厂自行负责

B. 甲公司有义务进行监督

C. 甲公司有权派人进行抽样检查

D. 如果不合格，甲公司有权禁止乙厂继续使用该商标

2. 注册商标改变下列哪些内容时，应当提出变更申请？（ ）

A. 文字 B. 图形

C. 注册人名义 D. 注册人地址

3. 注册商标的转让，（ ）。

A. 应由转让人向商标局提出申请 B. 应由受让人向商标局提出申请

C. 受让人应保证使用该注册商标的商品质量 D. 应由转让人与受让人共同向商标局提出申请

4. 商标许可使用（ ）。

A. 应通过签订商标使用许可合同的方式为之

B. 应经商标局批准

C. 须在使用该注册商标的商品上标明被许可人的名称和商品产地

D. 商标许可使用合同应报商标局备案

5. 甲公司与乙公司签订了商标使用许可合同，甲公司许可乙公司使用其注册商标，乙公司的法定义务有（ ）。

A. 接受甲公司对其使用该注册商标的商品质量的监督

B. 应当保证使用该注册商标的商品质量

C. 应当在使用该注册商标的商品上标明甲公司的名称和商品产地

D. 应当在许可合同有效期内向商标局备案

6. 某厂与另一企业合并，有以下商标事宜需要处理，其中哪些应当办理注册手续？（   ）

A. 授权他人使用注册商标

B. 变更商标注册人的名义

C. 有效期满的商标需要继续使用

D. 注册商标需要在核定使用范围之外的商品上取得商标专用权

7. 根据我国《商标法》的规定，可以不使用注册商标的商品有（   ）。

A. 食品　　　　　　　　　　　　B. 调味品

C. 彩色电视机　　　　　　　　　D. 电冰箱

8. "佳宝"商标是甲公司的系列装饰产品的注册商标。下列选项中哪些是甲公司对"佳宝"商标享有的权利？（   ）

A. 许可他人使用"佳宝"商标

B. 禁止他人在同一种或类似商品上使用相同或类似的商标

C. 自己在核定的商品上使用"佳宝"商标

D. 自己在不同类的商品上使用"佳宝"商标

9. 甲经商标注册人乙的许可，使用乙的"保明"商标，甲应当（   ）。

A. 接受乙的监督，保证使用"保明"商标的商品质量

B. 在使用"保明"商标的商品上标明自己的名称

C. 在使用"保明"商标的商品上标明乙的商品产地

D. 在使用"保明"商标的商品上标明乙的名称

10. 下列人员对其商品或者服务项目需要取得商标专用权，其中，可以向商标局申请商标注册的有（   ）。

A. 外国公民理查德　　　　　　　B. 中国公司甲

C. 外国公司乙　　　　　　　　　D. 中国公民王某和李某

11. 以下标识中，不得作为商标使用的有（   ）。

A. 文字"中国"　　　　　　　　　B. 图形"蝴蝶"

C. 数字与字母"56F"　　　　　　D. 文字"红新月"

12. 甲乙二厂于 2024 年 5 月 21 日同一天向商标局申请注册"金象"商标，使用商品均为健身器材。商标局应当（   ）。

A. 通知甲和乙送交第一次使用该商标的日期的证明

B. 均未使用的由双方抽签决定

C. 同日使用的由双方进行协商

D. 驳回甲和乙的申请

13. 以下情况中商标的注册申请人享有优先权的有（   ）。

A. 甲国是《巴黎公约》的成员国，自然人乙于 2023 年 10 月 10 日在甲国第一次提出商标注册申请，2024 年 3 月 11 日乙在中国就相同商品以同一商标提出商标注册申请

B. 甲国是《巴黎公约》的成员国，自然人乙于 2023 年 10 月 10 日在甲国第一次提出商标注册申请，2024 年 3 月 11 日乙在中国就同一类的其他商品以同一商标提出商标注册申请

C. 2023 年 12 月 5 日某公司在中国政府主办的国际展览会展出的商品上首次使用"梅花"商

标，2024 年 5 月 6 日该公司在中国提出商标注册的申请

D. 2023 年 12 月 5 日某公司在中国政府主办的国际展览会展出的商品上首次使用"梅花"商标，2024 年 6 月 6 日该公司在中国提出商标注册的申请

14. 商标局于 2025 年 5 月 8 日收到甲申请注册商标的文件和乙就同一种商品申请注册近似商标的文件，商标局对这两个申请应当如何处理？（　　）

A. 初步审定并公告甲的商标

B. 初步审定并公告乙的商标

C. 要求甲、乙分别提交其申请注册前在先使用该商标的证据，初步审定并公告使用在先的商标

D. 如果甲、乙在申请注册商标前均未使用该商标，可以由双方协商确定申请人

15. 甲公司与乙厂签订合同，甲许可乙独占使用其"美美"注册商标。在合同履行期间，市场上出现大量假冒"美美"商标的商品。对此商标侵权行为，向人民法院提起诉讼的人可以是（　　）。

A. 甲　　　　　　　　　　　　　　B. 乙

C. 消费者协会　　　　　　　　　　D. 县级以上市场监督管理局

16. 国外甲公司在中国申请注册"吃饭香"商标用于胃药，获得商标注册证后，与中国乙公司签订了为期 5 年的独占许可使用协议。乙公司在使用该注册商标期间发现国内丙公司违法制造胃药并使用"吃饭香"商标，于是向法院提起诉讼。陈某则以"吃饭香"商标反映胃药功能为由申请撤销该注册商标。对此，下列哪些说法是正确的？（　　）

A. 甲公司有权对丙公司侵权提起诉讼　　B. 陈某有权申请撤销该商标

C. 丙公司有权申请撤销该商标　　　　　D. 乙公司有权对丙公司侵权提起诉讼

17. 商标注册人的注册商标专用权，（　　）。

A. 以核准注册的商标为限

B. 以与核准注册的商标相同或者近似的商标为限

C. 以与核定使用的商品相同或者类似的商品为限

D. 以核定使用的商品为限

名词解释

1. 商标专用权
2. 注册商标独占使用许可
3. 注册商标排他使用许可
4. 商标权的内容

简答题

1. 简述商标权人的权利和义务。
2. 试比较注册商标独占使用许可与普通使用许可。

论述题

论商标权与著作权的区别。

案例分析题

1. 某饮料公司生产的"维奶"饮料在市场上销路较好，一乡镇企业也生产类似的饮料，但只能在当地销售，在其他地方无人问津。于是，该企业便与饮料公司协商，并达成协议：由饮料公司将其"维奶"注册商标转让给乡镇企业使用，乡镇企业每年付给饮料公司使用费200万元人民币。此事后被工商部门查获。问：饮料公司与乡镇企业之间的协议是否有效？

2. 甲厂是生产外贸出口产品的定点厂家。甲厂自20世纪50年代末起，即承接某市外贸进出口公司的订货，生产A产品供应国际市场，并于同时将A产品商标在国外注册。60年代初，因A产品信誉上升，销量剧增，订货数量较大，甲厂自感无力完成，遂邀乙厂共同生产该产品。此后，甲、乙两厂一直共同生产A产品至今。由于该产品在国外畅销，且受国内客户欢迎，甲、乙两厂均各自安排生产一部分产品供应国内市场。此外，一些小厂家也纷纷生产一些注明A产品字样的产品供应市场。

数月前，乙厂在报纸上刊登一则声明。在声明中，乙厂称：A产品系乙厂的专用产品，A产品商标已注册。近来发现一些厂家使用A产品商标生产产品，为维护A产品商标的信誉和乙厂的合法权益，现要求未经乙厂同意的厂家今后一律不得再使用A产品商标，否则将追究其法律责任。如欲继续使用A产品商标，须于3个月内前来乙厂协商，并与乙厂签订协议，支付费用。

甲厂看到乙厂的声明后，十分不满，认为：A产品系甲厂试制并首先生产，虽由于各种原因一直未在国内进行商标注册，但已生产30余年，现乙厂要求包括甲厂在内的其他厂家未经乙厂同意一律不得使用A产品商标，显然是侵犯了甲厂的合法权益；乙厂应将声明收回，甲厂使用A产品商标不必经乙厂同意。但乙厂表示，A产品虽系甲厂试制并首先生产，且生产历史较长，但一则甲厂一直未将该产品商标在国内注册，二则乙厂自承接A产品生产任务后，业已生产近30年，而且年产量在近20年间均较甲厂大，且对A产品的质量有所改进，使该产品成为名牌产品，长盛不衰。因此，为保护名牌产品的信誉和质量，维护乙厂的合法权益，乙厂将A产品的商标注册，禁止他人未经同意擅自使用是完全正常的、合法的。

现问：

(1) 乙厂是否有权在声明中禁止他人未经乙厂同意擅自使用A产品商标？为什么？

(2) 如甲厂不经乙厂同意继续使用A产品商标属于什么行为？乙厂怎么办？

(3) 甲厂如按乙厂的要求，与乙厂协商并获乙厂同意继续使用A产品商标，须办理什么手续？甲、乙两厂的主要权利和义务是什么？

第十八章 侵害商标权的法律责任

基础知识图解

侵害商标权的法律责任
- 侵害商标权的行为
  - 侵害商标权行为的判断标准
  - 侵害商标权行为的类型
  - 侵害商标权行为的例外
- 侵害商标权法律责任的类型及后果
  - 侵害商标权的民事责任
  - 侵害商标权的刑事责任
  - 侵害商标权的其他责任
- 驰名商标及其法律保护
  - 对驰名商标的特殊保护
  - 对驰名商标的认定及认定途径、效力

配套测试

单项选择题

1. 甲公司在其月饼系列产品上使用"美斋"商标至今已有 12 年,但一直未注册。2024 年 11 月,乙公司将"美斋"注册为服务商标。甲公司（　　）。

A. 可继续使用"美斋"商标　　　　　　B. 须将"美斋"商标转让给乙公司

C. 应停止使用"美斋"商标　　　　　　D. 经乙公司的许可后再使用"美斋"商标

2. 某县的甲公司未经漫画家乙许可,将其创作的一幅漫画作品作为新产品的商标使用,并于 2023 年 3 月 3 日被核准注册。乙认为其著作权受到侵害,与甲发生纠纷。乙应当采取下列哪种方式保护自己的合法权益？（　　）

A. 向甲公司所在地基层法院提起侵犯著作权之诉

B. 向有管辖权的法院提起撤销甲公司的注册商标之诉

C. 请求国家知识产权局宣告甲公司的注册商标无效

D. 请求版权局宣告甲公司的注册商标无效

3. 甲公司在汽车产品上注册了"山叶"商标,乙公司未经许可在自己生产的小轿车上也使用"山叶"商标。丙公司不知乙公司使用的商标不合法,与乙公司签订书面合同,以合理价格大量购买"山叶"小轿车后售出,获利 100 万元以上。下列哪一说法是正确的？（　　）

A. 乙公司的行为属于仿冒注册商标

B. 丙公司可继续销售"山叶"小轿车

C. 丙公司应赔偿甲公司损失 100 万元

D. 市场监督管理部门不能对丙公司进行罚款处罚

4. "圣地"文字是 A 国甲公司使用在装饰材料等商品上的商标。该商标在中国和其他许多国家进行了商标注册，并在世界同行业中具有很高的知名度。中国乙公司在其生产的防盗门上明显地使用"圣地"字样。下列选项中正确的有（　　）。

A. 装饰材料和防盗门不属于同类产品，不存在侵权问题
B. 乙公司使用"圣地"字样属于对商品名称的正常使用，不构成商标侵权
C. 甲公司不是中国法人，不适用《商标法》给予保护
D. "圣地"是驰名商标，乙公司的行为已构成商标侵权，应禁止乙公司使用

5. 某酒厂生产的"天下景"牌葡萄酒，其包装正面和两侧的图形，字体、色彩均与已经在我国注册的驰名商标"万宝路"牌卷烟的包装盒相近似，其封口上印的标识也与"万宝路"卷烟封口相近似。该厂所在地的市场监督管理部门发现后，责令该厂停止销售这种葡萄酒，收缴其全部外包装，并处以罚款。关于本案的以下意见中，哪种正确？（　　）

A. 该厂使用的是商品装潢，不构成侵犯他人商标专用权
B. 葡萄酒与卷烟不是同类产品，故本案不存在侵权问题
C. "万宝路"是驰名商标，根据《保护工业产权巴黎公约》，应扩大其保护范围
D. 本案在"万宝路"生产厂家未提出控告的情况下，市场监督管理部门无权查处

6. 根据《最高人民法院、最高人民检察院关于办理侵犯知识产权刑事案件适用法律若干问题的解释》，以下哪种行为构成假冒注册商标罪？（　　）

A. 在类似商品上使用近似商标
B. 在同一种服务上使用相同商标，但字体颜色不同
C. 将他人注册商标作为企业字号使用
D. 销售明知是假冒注册商标的商品

7. 关于"服务商标"刑事保护，正确的是（　　）。

A. 假冒教育培训服务商标需实际开展培训
B. 仅保护已在中国注册的服务商标
C. 在餐饮服务中使用"星巴克咖啡"招牌构成犯罪
D. 服务商标侵权不适用"违法所得30万元"入罪标准

多项选择题

1. 下列哪些行为是商标侵权行为？（　　）

A. 甲企业使用"泰山"牌注册商标，核定使用的产品是钉子；乙企业使用"泰山"未注册商标，也用在钉子产品上
B. 范某自行制造假冒伪劣的"嘉娜宝"玫瑰泡沫洁面慕斯，因生产量较大、无处存放，范某请求李某腾出自家房间，供范某用于存放上述假冒伪劣产品
C. 王某私自印制了"多芬"香皂标识，以每张5角钱的价格出售
D. 朱某使用"果真"商标，用在饮料上

2. 下列各项行为中，构成侵犯注册商标专用权的有（　　）。

A. 未经商标注册人许可，在类似商品上使用与其注册商标近似的商标
B. 未经商标注册人同意，更换其注册商标并将该更换商标的商品又投入市场的
C. 将与他人注册商标相近似的文字注册为域名，并且通过该域名进行相关商品交易的电子商务，容易使相关公众产生误认的
D. 明知他人托运的货物是假冒注册商标的商品仍予以运输

3. 甲公司在纸手帕等纸制产品上注册了"茉莉花"文字及图形商标。下列哪些未经许可的行为构成侵权？（　　）

A. 乙公司在其制造的纸手帕包装上突出使用"茉莉花"图形
B. 丙商场将假冒"茉莉花"牌纸手帕作为赠品进行促销活动
C. 丁公司长期制造茉莉花香型的纸手帕，并在包装上标注"茉莉花香型"
D. 戊公司购买甲公司的"茉莉花"纸手帕后，将"茉莉花"改为"山茶花"重新包装后销售

4. 甲公司拥有"金猫牌"蚊香注册商标。乙公司向某公司发出了"金猫牌"蚊香的报价单。甲公司得知此事后，对乙公司提起诉讼。下列有关说法中，哪些是正确的？（　　）

A. 如果乙公司仅发出报价单，尚未签订合同和生产此产品，不构成侵权
B. 如果乙公司与某公司签订了合同，即使没有提供样品，也尚未生产该产品，仍构成侵权
C. 如果乙公司与某公司签订了合同，并提供了样品，即使尚未批量生产该产品，仍构成侵权
D. 如果乙公司与某公司签订了合同，并已批量生产该产品，即使尚未交货，仍构成侵权

5. 甲公司为其牛奶产品注册了"润语"商标后，通过签订排他许可合同许可乙公司使用。丙公司在其酸奶产品上使用"润雨"商标，甲公司遂起诉丙公司停止侵害并赔偿损失，法院判决支持了甲公司的请求。在该判决执行完毕后，"润语"注册商标因侵犯丁公司的著作权被依法宣告无效。下列哪些选项是错误的？（　　）

A. 甲公司和乙公司可以作为共同原告起诉丙公司
B. 甲公司与乙公司的许可合同应当认定为无效合同，乙公司应当申请返还许可费
C. 甲公司获得的侵权赔偿费构成不当得利，应当返还给丙公司
D. 甲公司获得的侵权赔偿费应当转付给丁公司

6. 金农大学是一所著名农业大学，其"金农"二字为公众所熟知，该大学注册了"金农"商标用于农产品，但注册后一直没有使用。该校毕业生甲注册成立了一家公司，名为金农蔬果有限责任公司，主营蔬菜、水果的种植和销售。后甲的妹妹乙申请"金农"商标用于办公用品，其申请注册的主要目的是转卖获利。对此，下列哪些说法是正确的？（　　）

A. 乙侵犯了金农大学的"金农"商标权
B. 甲侵犯了金农大学的"金农"商标权
C. 金农大学可向商标局请求确认"金农"为驰名商标
D. 商标局应驳回乙的注册申请

7. 某甲受乙商贸行委托，在普通手表的表盘上冲压某国产名表的商标标识；乙商贸行将装配好的冒牌手表批发给丙百货商店。该行为被市场监督管理部门查证属实后，应作何处理？（　　）

A. 没收甲的工具，并处相当于所收加工费的罚款
B. 对乙商贸行没收全部库存假表，并处罚款
C. 因丙商店进货时不知是冒牌，能证明该商品是自己合法取得并说明提供者，责令其停止销售
D. 若乙商贸行两年前实施过此类行为，应从重处罚

8. 假设奔驰汽车的商标未在我国注册，则下列商标申请不予注册并禁止使用的有（　　）。

A. 奔驰牌食用油　　　　　　　　　B. 奔驰牌卡车
C. 奔驰牌电视机　　　　　　　　　D. 奔驰牌轿车

9. Y市的甲公司生产葡萄酒，申请注册的"杜鹃花"文字商标被国家有关部门认定为驰名商标。下列哪些行为属于商标侵权行为？（　　）

A. 乙公司在自己生产的啤酒上使用"映山红"商标
B. 设在N市的丙公司将"杜鹃花"作为自己的商号登记使用
C. 丁公司将"杜鹃花"注册为域名，用于网上宣传、销售书籍等文化用品

D. 戊公司在自己生产的农药产品上使用"杜鹃花"商标

10. 甲公司的一注册商标系乙画家创作的绘画作品。甲申请该商标注册时未经乙的许可。现乙认为其著作权受到侵害，与甲进行交涉。乙对于此事可采取的正确做法有哪些？（   ）

A. 向甲公司所在地基层法院提起著作权侵权之诉
B. 请求国家知识产权局宣告甲的注册商标无效
C. 如对法院判决不服可以上诉但对国家知识产权局的裁定只能服从
D. 采取许可方式使甲继续使用该注册商标，甲应赔偿损失和支付报酬

11. 认定驰名商标需要考虑的因素有（   ）。

A. 相关公众对该商标的知晓程度
B. 该商标使用的持续时间
C. 该商标的任何宣传工作的持续时间、程度和地理范围
D. 该商标作为驰名商标受保护的记录

12. 以下各项中，有权认定商标是否为驰名商标的有（   ）。

A. 人民法院   B. 市场监督管理部门
C. 国家知识产权局   D. 行业协会

13. "阿达斯"是一驰名商标，以下说法正确的有（   ）。

A. 如果"阿达斯"未在中国注册，其他人就相同或者类似商品以"阿达斯"申请注册商标，虽然容易导致混淆，但是可以注册
B. 如果"阿达斯"未在中国注册，其他人就不相同或者不相类似商品以"阿达斯"申请注册商标，可以注册
C. 如果"阿达斯"在中国注册，其他人就相同或者类似商品以"阿达斯"申请注册商标，不予注册
D. 如果"阿达斯"在中国注册，其他人就不相同或者不相类似商品以"阿达斯"申请注册商标，不予注册

14. 华欣中心是非营利法人，经常公益性地免费进行宣传培训，社会影响力较大，形成了良好口碑。甲注册了"华欣"的商标用于家用电器，许多人误以为是由华欣中心生产，遂购买"华欣"牌家用电器，但使用后发现产品有质量瑕疵，给华欣中心造成了一定的名誉损失。对此，下列哪些说法是正确的？（   ）

A. 华欣中心有权请求甲赔偿损失
B. 华欣中心有权申请宣告甲的"华欣"商标无效
C. 消费者有权请求华欣中心承担产品责任
D. 华欣中心有权申请将"华欣"注册为驰名商标

15. 未经注册商标所有人许可，在同一种商品上使用与其注册商标相同的商标，下列哪些情形，应当认定为《刑法》第二百一十三条规定的"情节严重"？（   ）

A. 违法所得数额在三万元以上或者非法经营数额在五万元以上的
B. 假冒两种以上注册商标，违法所得数额在二万元以上或者非法经营数额在三万元以上的
C. 二年内因实施《刑法》第二百一十三条至第二百一十五条规定的行为受过刑事处罚或者行政处罚后再次实施，违法所得数额在二万元以上或者非法经营数额在三万元以上的
D. 其他情节严重的情形

名词解释

普通商标与驰名商标

简答题

1. 简述对驰名商标保护的措施。
2. 简述驰名商标的司法认定程序。
3. 简述商标侵权行为的种类。
4. 销售假冒注册商标的商品，具有哪些情形，可以认定为《刑法》第二百一十四条规定的"明知"。

论述题

1. 论述我国对驰名商标的认定和特殊保护措施。
2. 论述我国驰名商标法律保护的现状、存在的问题及完善。

案例分析题

1. 原告宋某在海南省开设了"海口东北人餐厅"，并根据东北地方风俗设计了餐厅的名称、商标、装潢、菜谱及服务员的服饰等。2021年4月，该餐厅注册了"东北人"商标，商标核定服务项目为餐馆、快餐馆。被告广州某企业原经营牛肉店，后于2023年3月将企业名称变更为"东北人风味饺子馆"。该餐馆在其开业宣传单中写有"东北人风味饺子馆定于本月30日隆重开业……"的表述，落款为"东北人风味饺子馆"，餐馆牌匾上"东北人"三个字的风格与原告的相同，并且采用了显著化的手法。原告对此提出抗议，被告于是在2024年1月更名为"东北菜风味饺子馆"，并改变了餐馆牌匾的书法风格。但其菜谱的主色调及布局、服务员服饰、餐巾纸包装以及店内装潢，仍与原告的相同或相似。

请分析被告的行为性质，应承担的法律责任及法律依据。

2. 某印刷厂为津津食品厂印刷"津津"米醋商标，印刷完后，该印刷厂并未按照规定将废次商标标识销毁，而是将其卖给个体户陈某，获利7000余元。津津食品厂发现市场上出现大量假冒"津津"牌米醋后，向市场监督管理部门反映情况，要求处理。市场监督管理部门在查明情况后决定对该印刷厂处以30万元的罚款。

问：市场监督管理部门的处理正确吗？你认为应该如何处理？

3. 甲店生产的"天府"牌四川汤圆是该店的拳头产品，注册商标为"天府汤圆"，产品供不应求。2024年1月，该店发现乙店销售的"巴蜀汤圆"的包装袋正面装潢设计与"天府汤圆"商标极其相似，不同之处只有名字，包装袋背面的产品特点、配料、净重、企业标准、代号、食用方法与"天府汤圆"包装袋背面内容一字不差，甲店遂向法院起诉乙店侵犯了其商标专用权。

问：乙店使用的"巴蜀汤圆"包装袋是否侵权？为什么？

4. 某针织厂于2024年5月1日就其生产销售的彩条毛巾开始使用"月季花"图形注册商标。同年6月15日，某服装厂就其生产销售的女式衬衣使用"月季花"图形商标。当地管理部门以某服装厂侵犯某针织厂注册商标专用权为由，责令某服装厂立即停止使用"月季花"图形商标，并处以罚款。

问：市场监督管理部门的处理是否正确？

5. 食品甲厂具有糖、奶、淀粉等产地资源优势，但因生产技术落后，产品长期滞销，便从某市食品乙厂引进技术和"光明"奶糖商标。双方签订注册商标使用许可合同中规定，商标的使用期限为五年，使用商标商品的年产量为1500吨，使用许可费以甲厂盈利额的15%按年支付。另外，合同中还规定双方的权利、义务以及一方违约，另一方有权单独解除合同条款。合同签订后乙厂较重视技术指导和商品技师监督，而忽视将合同书副本交当地市场监督管理部门存档、备案，经多次催交仍不办理，市场监督管理部门则责令限期改正，乙厂借故业务太忙拒不改正。市场监督管理部门报请商标局撤销其注册商标，不久，商标局作出撤销其"光明牌"注册商标的决定，并书面通知乙厂，同时收回被许可人的商标标识。

在"光明牌"商标使用许可合同执行期间，因甲厂管理混乱而盈利甚微，除支付乙厂的技术改装费外，从未交付商标使用费。当知道该商标被撤销后，更不愿交付使用费，也不向市场监督管理部门交出商标标识，而是将"光明牌"奶糖商标中的 R 标记涂掉，当作未注册商标继续使用。乙厂向法院起诉，追究甲厂的违约责任和侵犯其注册商标专用权，要求赔偿损失。

请依案情回答以下问题：

（1）对被撤销的商标能否立即申请注册或者当作未注册商标使用？

（2）市场监督管理部门的做法是否妥当？

（3）对乙厂的起诉，法院应如何处理？

6. 2024 年 3 月，某国英什尔公司在中国的代理商杰克向中国商标局提出控告，称该公司生产的收录两用机被中国某公司仿冒，而且所使用的商标与该公司的商标极为相似。英什尔公司的收录机商标为一文字与图形组合，图案为一奔跑的马，旁边为马的英文字母草写 horse；中国某公司的商标图案为一低头吃草的马，旁边为马的草写汉语拼音字母"ma"。中国某公司的商标在 2024 年 1 月获得注册，享有该注册商标的专用权。英什尔公司的商标在本国享有注册商标专用权，但在中国还未注册，正打算委托其本国律师向中国商标局提出注册申请。

英什尔公司向中国商标局提出的控告中称：中国某公司采取非法手段在市场上大量销售其仿冒的产品，给该公司造成巨大损失，要求中国商标局撤销中国某公司的注册商标，立即停止这种侵权行为，同时赔偿该公司因侵权而遭受的巨额损失。中国某公司听闻英什尔公司向国家商标局提出控告后，也向商标局提出控告，反称英什尔公司侵犯了其注册商标专用权，而且同样要求英什尔公司停止侵权行为，赔偿损失。中国某公司还认为其注册商标在先，理应受到保护。而英什尔公司则称该公司商标有百年的历史，是世界驰名商标，应该受到特殊的保护，况且已准备提出注册申请，针对中国某公司的"两个商标相像纯属巧合"的说法反驳是该公司蓄意所为。英什尔公司称其公司产品早在 1993 年就进入中国市场，而中国某公司在其后才获得商标的注册，明显是蓄意所为。根据上述案情，你认为本案应如何处理？

第十九章 其他商业标志保护

基础知识图解

其他商业标志保护
- 地理标志保护
  - 地理标志的概念与性质
  - 地理标志的法律保护模式
  - 我国对地理标志的法律保护
- 商号保护
  - 商号与企业名称
  - 商号保护制度
- 域名保护
  - 域名的概念与法律特征
  - 域名的法律保护

配套测试

单项选择题

1. 下列哪项不属于我国法律明确保护的"其他商业标志"？（　　）
A. 商号　　　　　B. 地理标志　　　　C. 域名　　　　D. 商品通用名称

2. 根据《反不正当竞争法》，擅自使用他人有一定影响的商号，导致混淆的行为属于（　　）。
A. 侵犯商标权　　　　　　　　　B. 不正当竞争
C. 侵犯著作权　　　　　　　　　D. 合法使用

3. 地理标志的注册和管理由我国哪个部门负责？（　　）
A. 国家知识产权局　　　　　　　B. 市场监管总局
C. 农业农村部　　　　　　　　　D. 文化和旅游部

4. 下列哪类标志的保护无须以"知名度"为前提？（　　）
A. 知名商品特有包装　　　　　　B. 未注册商标
C. 地理标志　　　　　　　　　　D. 企业名称

5. 域名争议解决的国内主要依据是（　　）。
A. 《商标法》　　　　　　　　　B. 《互联网域名管理办法》
C. 《专利法》　　　　　　　　　D. 《民法典》

6. 根据《巴黎公约》，成员国对商号的保护应如何？（　　）
A. 需注册才保护　　　　　　　　B. 自动保护，无须注册
C. 仅保护驰名商号　　　　　　　D. 不提供跨境保护

7. "商业外观"主要指（　　）。
A. 商品商标　　　　　　　　　　B. 商品包装的整体形象

C. 企业广告语 D. 商品功能

8. 擅自使用与知名商品近似的装潢，造成消费者误认，可能违反（   ）。
A. 《专利法》 B. 《反不正当竞争法》第 7 条
C. 《著作权法》 D. 《商标法》第 57 条

9. 下列哪项属于地理标志侵权行为（   ）。
A. 在非产地生产但标注产地 B. 使用通用名称
C. 合理描述商品特性 D. 获得授权后使用

10. TRIPs 协定要求成员国对地理标志的保护至少覆盖（   ）。
A. 葡萄酒和烈酒 B. 所有农产品
C. 工业品 D. 服务

多项选择题

1. 下列属于"其他商业标志"的有（   ）。
A. 商号 B. 地理标志
C. 商品通用包装 D. 知名服务特有名称

2. 我国保护地理标志的法律法规包括（   ）。
A. 《商标法》 B. 《地理标志产品保护规定》
C. 《反不正当竞争法》 D. 《专利法》

3. 域名侵权的构成要件包括（   ）。
A. 域名与他人商标相同或近似 B. 注册者无正当权益
C. 注册后未使用 D. 具有恶意

4. 商号与商标的区别在于（   ）。
A. 商号用于区分企业，商标用于区分商品
B. 商号必须注册，商标自愿注册
C. 商号保护无地域限制
D. 商标可跨类保护

5. 《反不正当竞争法》禁止的混淆行为包括（   ）。
A. 擅自使用他人有一定影响的域名 B. 仿冒知名商品装潢
C. 使用已失效专利宣传 D. 虚假宣传产品质量

6. 地理标志的合法使用人可以是（   ）。
A. 产地内的生产者 B. 符合质量标准的经营者
C. 任何商标注册人 D. 境外企业

7. 下列可能构成商业外观侵权的有（   ）。
A. 复制竞争对手产品独特形状 B. 使用行业通用设计
C. 模仿知名饮料瓶造型 D. 改进产品功能

8. 企业名称（商号）的保护特点包括（   ）。
A. 需在登记机关管辖范围内唯一 B. 全国范围内排他
C. 可禁止他人在相同行业使用相同名称 D. 无须注册自动保护

9. TRIPs 协定对商业标志的保护要求包括（   ）。
A. 防止商标与地理标志冲突 B. 禁止虚假地理标志使用
C. 强制注册所有商业标志 D. 仅保护已注册标志

10. 关于域名与商标冲突的处理规则，正确的是（   ）。

A. 恶意抢注可被撤销
B. 商标权人必然获得域名
C. 投诉可提交中国互联网络信息中心争议解决机构
D. 需证明域名使用造成损害

简答题

1. 商号与商标的区别。
2. 域名的法律特征。

论述题

论述域名与商标冲突的解决方式。

第四编　与知识产权有关的反不正当竞争的权利

第二十章　反不正当竞争法律制度概述

基础知识图解

反不正当竞争法律制度概述
- 不正当竞争行为的概念和特征
  - 不正当竞争行为的概念
  - 不正当竞争行为的特征
- 反不正当竞争法及其与知识产权法的关系
  - 反不正当竞争法
  - 反不正当竞争法与知识产权单行法的关系
- 反不正当竞争法一般条款的适用
  - 一般条款的内涵及其意义
  - 反不正当竞争法关于一般条款的规定及其适用
- 不正当竞争行为的法律责任
  - 民事责任
  - 刑事责任
  - 行政责任

配套测试

单项选择题

1. 下列属于不正当竞争行为的是（　　）。
A. 限制转售价格　　　　　　　　B. 虚假广告
C. 差别待遇　　　　　　　　　　D. 掠夺性定价

2. 下列哪种行为属于垄断行为？（　　）
A. 诋毁竞争对手　　　　　　　　B. 侵犯商业秘密
C. 股份持有　　　　　　　　　　D. 强制交易

3. 被各国法学界公认为反垄断产生的标志是（　　）。
A. 《谢尔曼法》　　　　　　　　B. 《联邦贸易委员会法》
C. 《克莱顿法》　　　　　　　　D. 《保护竞争法》

4. 下列行为中，属于不正当竞争行为的是哪一种？（　　）
A. 某超市以低于成本的价格销售保质期即将届满的食品
B. 某商场为促销，春节期间在店内张贴布告：一日内在本店购买 1000 元以上的，给付 20% 作为回扣。经查，该商场给付的回扣在账面上都有明确的记载
C. 某燃气公司在安装管道煤气时，声称为了安全起见，建议用户购买其所属的经销公司销售

的"太阳"牌燃气灶，自购的其他品牌的燃气灶需要检验，每户收取检验费 50 元
D. 第三人不知情披露他人的商业秘密的行为

5. 红心地板公司在某市电视台投放广告，称"红心牌原装进口实木地板为你分忧"，并称"强化木地板甲醛高、不耐用"。此后，本地市场上的强化木地板销量锐减。经查明，该公司生产的实木地板是用进口木材在国内加工而成。关于该广告行为，下列哪一选项是正确的？（　　）
A. 属于正当竞争行为　　　　　　　　B. 仅属于诋毁商誉行为
C. 仅属于虚假宣传行为　　　　　　　D. 既属于诋毁商誉行为，又属于虚假宣传行为

多项选择题

1. 不正当竞争的特征有（　　）。
A. 任何竞争行为都要受到法律的限制
B. 是经营者违反诚实信用原则所实施的竞争行为
C. 侵害的是法律所保护的经营领域的公平竞争关系
D. 行为主体是经营者

2. 下列行为中，哪些属于法律规定的不正当竞争行为？（　　）
A. 某市政府通过本地办的电视台向市民发布通告：最近本市连续发生多起煤气中毒事件，因此，各住户必须统一安装本市煤气公司生产的安全阀，以确保生命、财产安全
B. 某果品公司购进一大批水果，由于其贮藏的冷库设施出现问题，不便长期保存，决定降价销售，致使本市水果价格大幅度下降
C. 某企业对其生产的饮料实行有奖销售，最高奖为价格 4000 元的新马泰五日游
D. 甲公司为提高本公司的市场占有率，在街面上让顾客免费品尝其新产品，并趁机宣传乙公司的产品不如甲公司

3. 以下行为，哪些构成不正当竞争行为？（　　）
A. 甲厂产品发生质量事故，舆论误指为乙厂产品，乙厂公开说明事实真相
B. 甲汽车厂不满乙钢铁厂起诉其拖欠货款，散布乙厂产品质量低劣的虚假事实
C. 甲冰箱厂散布乙冰箱厂售后服务差的虚假事实，虽未指名，但一般人可以推知
D. 甲灯具厂捏造乙灯具厂偷工减料的虚假事实，但只告诉了乙厂的几家客户

简答题

1. 简述不正当竞争行为的概念与特征。
2. 简述不正当竞争行为与垄断行为的关系。
3. 试述反不正当竞争法与著作权法的联系。
4. 试述反不正当竞争法与商标法的关系。
5. 试述反不正当竞争法与专利法的联系。
6. 简述滥用知识产权与不正当竞争的关系。
7. 简述不构成侵害商业标记之不正当竞争的法定事由。

论述题

1. 论述知识产权权利冲突与滥用知识产权的关系。
2. 试述《反垄断法》对滥用知识产权行为进行规制的法律意义。

第二十一章 仿冒行为

基础知识图解

$$\text{仿冒行为}\begin{cases}\text{仿冒行为概述}\begin{cases}\text{仿冒行为的概念}\\\text{仿冒行为的构成要件}\end{cases}\\\text{仿冒行为的类型}\begin{cases}\text{仿冒商品名称、包装、装潢}\\\text{仿冒企业名称、社会组织名称、姓名}\\\text{仿冒域名主体部分、网站名称、网页}\end{cases}\\\text{仿冒行为的法律责任}\begin{cases}\text{民事责任}\\\text{行政责任}\end{cases}\end{cases}$$

配套测试

多项选择题

1. 下列哪些行为属于不正当竞争行为？（　　）
  A. 假冒他人外观设计专利
  B. 擅自使用他人知名商品特有的名称、包装、装潢
  C. 擅自制造、销售知名商品特有的包装、装潢
  D. 擅自使用古人的姓名

2. 甲酒厂为扩大销量，精心模仿乙酒厂知名白酒的包装、装潢。关于甲厂模仿行为，下列哪些判断是错误的？（　　）
  A. 如果乙厂的包装、装潢未获得外观设计专利，则甲厂模仿行为合法
  B. 如果甲厂在包装、装潢上标明了自己的厂名、厂址、商标，则不构成混淆行为
  C. 如果甲厂白酒的包装、装潢不足以使消费者误认为是乙厂白酒，则不构成混淆行为
  D. 如果乙厂白酒的长期消费者留意之下能够辨别出二者差异，则不构成混淆行为

名词解释

商业标识

论述题

1. 论述反不正当竞争法与知识产权法的关系。
2. 区分反不正当竞争模式与设权模式的法律意义何在？

第二十二章　商业秘密保护制度

基础知识图解

商业秘密保护制度
- 商业秘密概述
  - 商业秘密的概念与特征
  - 商业秘密的构成要件
  - 商业秘密与相关概念之间的关系
- 侵害商业秘密行为
  - 侵害商业秘密行为的构成要件
  - 侵害商业秘密行为的类型
- 侵害商业秘密的抗辩事由
  - 反向工程
  - 自主研发
  - 其他事由
- 侵害商业秘密的法律责任
  - 侵害商业秘密行为的救济方式
  - 侵害商业秘密行为的法律责任类型及后果

配套测试

不定项选择题

1. "商业秘密"的法律特征有（　　）。
A. 不为公众所知悉
B. 具有商业价值
C. 具有实用性
D. 经权利人采取相应保密措施

2. 商业秘密权利人提供初步证据合理表明商业秘密被侵犯，涉嫌侵权人应当证明其不存在侵犯商业秘密的行为，权利人提供的初步证据主要包括哪些？（　　）
A. 表明涉嫌侵权人有渠道或者机会获取商业秘密，且其使用的信息与该商业秘密实质上相同的证据
B. 表明商业秘密已经被涉嫌侵权人披露、使用或者有被披露、使用风险的证据
C. 表明商业秘密被涉嫌侵权人侵犯的其他证据
D. 上述证据均需要提供

3. 刘某系甲制药公司技术主管。2021年2月，刘某私自接受乙制药公司聘请担任其技术顾问。5月，甲公司得知后质问刘某。刘某表示自愿退出甲公司，并承诺2年内不以任何直接或间接方式在任何一家制药公司任职或提供服务，否则将向甲公司支付50万元违约金。2022年8月，甲公司发现刘某已担任乙公司的副总经理，并持有乙公司20%股份，而且乙公司新产品已采用甲公司研发的配方。甲公司以乙公司和刘某为被告提起侵犯商业秘密的诉讼。关于乙公司和刘某的

行为，下列说法正确的是：（　　）

  A. 乙公司的行为构成侵犯他人商业秘密
  B. 刘某的行为构成侵犯他人商业秘密
  C. 乙公司的行为构成违反竞业禁止义务
  D. 刘某的行为构成违反竞业禁止义务

名词解释

1. 商业秘密
2. 技术秘密

简答题

简述商业秘密的构成要件。

论述题

论述商业秘密保护、择业自由与竞业禁止之间的关系。

第五编　知识产权国际条约

第二十三章　知识产权国际条约

基础知识图解

知识产权国际条约概述
- 知识产权国际条约的起源和发展
  - 知识产权保护的国际协调
  - 从双边条约到多边公约
  - 经济全球化对知识产权国际条约的影响
  - TRIPs协定之后知识产权国际保护的新发展
- 与知识产权事务相关的主要国际组织
  - 世界知识产权组织
  - 世界贸易组织
  - 与知识产权事务相关的其他国际组织
- 与贸易有关的知识产权协定
  - TRIPs协定的基本原则
  - TRIPs协定的主要内容
  - TRIPs协定的争端解决机制

配套测试

不定项选择题

1.《与贸易有关的知识产权协定》第2条第2款规定，该协议第一部分至第四部分的所有规定，均不应背离各成员在（　　）中相互承担的现有义务。
A.《巴黎公约》　　　　　　　　B.《伯尔尼公约》
C.《罗马公约》　　　　　　　　D.《关于集成电路的知识产权条约》

2. 下列属于《与贸易有关的知识产权协定》的保护范围的有（　　）。
A. 地理标志　　　　　　　　　　B. 工业品外观设计
C. 专利　　　　　　　　　　　　D. 集成电路布图设计

3.《与贸易有关的知识产权协定》规定的商标权的保护期限为（　　）。
A. 20年　　　　B. 不少于7年　　　C. 10年　　　D. 25年

4. 根据《与贸易有关的知识产权协定》，下列哪些选项应受到知识产权法律的保护？（　　）
A. 独创性数据汇编　　　　　　　B. 动植物新品种
C. 计算机程序及电影作品的出租权　D. 疾病的诊断方法

5. 下列哪些是我国已经加入的知识产权国际公约？（　　）
A.《商标国际注册马德里协定》
B.《保护录音制品制作者防止未经许可复制其录音制品公约》

C. 《专利合作条约》
D. 《世界版权公约》

名词解释

1. 知识产权国际条约
2. 地理标志

简答题

1. 知识产权国际公约可分为哪几类？
2. 我国已经加入的知识产权国际公约主要有哪些？
3. 简述《与贸易有关的知识产权协定》中的防止滥用权利原则。
4. 《与贸易有关的知识产权协定》对邻接权有何规定？
5. 简述《与贸易有关的知识产权协定》所规定的最惠国待遇原则。

论述题

1. 《与贸易有关的知识产权协定》为知识产权的权利人提供了哪些法律救济手段？
2. 《与贸易有关的知识产权协定》对司法机关在执行程序方面采取的临时措施有何规定？

第二十四章　工业产权国际条约

基础知识图解

工业产权国际条约 ｛ 工业产权国际条约概述 ｛ 工业产权国际条约的产生 / 工业产权国际条约的发展 ｝ 《巴黎公约》｛《巴黎公约》的基本原则 /《巴黎公约》的其他主要规定 ｝ 《专利合作条约》《马德里协定》及其议定书 ｛《专利合作条约》/《马德里协定》和《马德里协定议定书》｝

配套测试

单项选择题

《保护工业产权巴黎公约》规定，对发明专利、实用新型、外观设计和商标申请人给予优先权，该优先权的期限为（　　）。

A. 发明专利和实用新型为 6 个月，外观设计和商标为 6 个月
B. 发明专利和实用新型为 6 个月，外观设计和商标为 12 个月
C. 发明专利和实用新型为 12 个月，外观设计和商标为 6 个月
D. 发明专利和实用新型为 12 个月，外观设计和商标为 12 个月

多项选择题

1.《保护工业产权巴黎公约》规定，专利应包括本联盟国家的法律所承认的各种工业专利，如（　　）等。

A. 输入专利　　　　　　　　B. 改进专利
C. 增补专利和增补证书　　　D. 实用新型专利

2.《巴黎公约》规定，联盟国家应按其本国法律对在本联盟任何国家领土内举办的官方的或经官方承认的国际展览会展出的商品中（　　），给予临时保护。

A. 可以申请专利的发明　　　B. 实用新型
C. 外观设计　　　　　　　　D. 可以申请注册的商标

3. 关于驰名商标，《保护工业产权巴黎公约》规定（　　）。

A. 商标注册国或使用国主管机关认为一项商标在该国已经成为驰名商标，并属于有权享受本公约利益的人所有，而另一商标构成对该驰名商标的复制、仿制或翻译，从而易于产生混淆时，联盟成员国应依职权或依利害关系人的请求拒绝或撤销该另一商标的注册，并禁止其使用

B. 驰名商标权利人提出上述申请的期限为 5 年或各成员国规定的更长的期限

C. 对于恶意取得注册或使用的商标提出取消注册或禁止使用的请求，不应规定时间限制

D. 驰名商标的认定，应按本公约办理

名词解释

1. 国民待遇原则
2. 专利权和商标权的独立性原则

简答题

《巴黎公约》所确立的工业产权国际保护的优先权原则的含义和目的是什么？

第二十五章 著作权国际条约

基础知识图解

$$
著作权国际条约\begin{cases}著作权国际条约概述\begin{cases}著作权国际条约的起源\\著作权国际条约的发展\end{cases}\\《伯尔尼公约》和《世界版权公约》\begin{cases}《伯尔尼公约》的基本原则\\《伯尔尼公约》的主要规定\\《世界版权公约》的主要内容\end{cases}\\《罗马公约》和《录音制品公约》\begin{cases}《罗马公约》的主要规定\\《录音制品公约》的主要规定\end{cases}\\《世界知识产权组织版权条约》和\\《世界知识产权组织表演和录音制品条约》\begin{cases}两个条约的制定\\两个条约的主要内容\end{cases}\end{cases}
$$

配套测试

单项选择题

1. 有关知识产权保护的国际公约中,《伯尔尼公约》保护的对象是（　　）。
A. 注册商标　　　　　　　　　　　B. 文学和艺术作品
C. 录音制品　　　　　　　　　　　D. 表演者、唱片制作者和广播组织

2. 甲国人柯里在甲国出版的小说流传到乙国后出现了利用其作品的情形,柯里认为乙国侵犯了其版权,并诉诸乙国法院。尽管甲乙两国均为《伯尔尼公约》的缔约国,但依甲国法,此种利用作品不构成侵权,另外,甲国法要求作品要履行一定的手续才能获得保护。根据相关规则,下列哪一选项是正确的？（　　）
A. 柯里须履行甲国法要求的手续才能在乙国得到版权保护
B. 乙国法院可不受理该案,因作品来源国的法律不认为该行为是侵权
C. 如该小说在甲国因宗教原因被封杀,乙国仍可予以保护
D. 依国民待遇原则,乙国只能给予该作品与甲国相同水平的版权保护

3.《罗马公约》规定,作品的保护期最短的是（　　）。
A. 15 年　　　　　B. 50 年　　　　　C. 25 年　　　　　D. 20 年

多项选择题

1.《世界版权公约》确定的"非自动保护原则"规定,作品首次出版时必须标明的内容主要有（　　）。

A. 出版年份 B. 版权人姓名
C. 版权标记 D. 出版社名称

2. 下列说法正确的是（　　）。
A. 《世界版权公约》对作品的规定是概括性的，而不是具体的列举
B. 《世界版权公约》没有规定著作人身权
C. 《世界版权公约》比《伯尔尼公约》的保护水平低
D. 我国未加入《世界版权公约》

3. 从《罗马公约》的产生宗旨与规定看，《罗马公约》所体现的基本原则有（　　）。
A. 自动保护原则 B. 不妨害著作权保护原则
C. 国民待遇原则 D. 最低保护标准原则

名词解释

1. 公约中的表演者
2. 原属国

简答题

1. 列举《伯尔尼公约》规定的作者的专有权利。
2. 试述《世界版权公约》关于版权保护期的规定。
3. 试述《世界版权公约》与《伯尔尼公约》的差异。

综合测试题一

☑ 单项选择题（共4题，每题1分，共4分）

1. 下列行为中，实施哪一个行为无须获得著作权人的许可？（　　）
A. 将外国法学著作译成中文后，编成教学参考资料出版发行
B. 为报道时事新闻，在报纸上引用已发表的作品
C. 报纸刊登其他报社采写但尚未登出的时事新闻
D. 电视台播放其他电视台制作的电视节目

2. 张强7岁，他作的画很受人们的喜爱，有的还获了奖。张强对他的绘画作品（　　）。
A. 享有著作权。因为绘画是合法行为，不论作者有无民事权利能力
B. 享有著作权。因为绘画是一种事实行为，并不需要作者享有民事行为能力
C. 不享有著作权。因为绘画是一种民事法律行为，要求作者应具有相应的民事行为能力
D. 不享有著作权。因为绘画是合法行为，要求作者具有民事权利能力

3. 下列行为哪一项不视为侵犯专利权？（　　）
A. 不知是假冒专利产品而批发购进，事后得知实情，为避免损失，而予售出
B. 在申请日前已生产了相同产品，在未经专利权人许可的情况下，准备扩大生产规模
C. 未经专利权人许可，从国外进口用专利权人的专利方法直接获得的产品
D. 为科学实验而使用了专利权人的专利方法，并以由此获得的成果独自申请专利

4. 根据我国《商标法》规定，注册商标的有效期为（　　）。
A. 20年，期满可以续展，续展次数不限，每次20年
B. 10年，期满可以续展，续展次数不限，每次10年
C. 20年，期满可以续展，续展次数不限，每次10年
D. 10年，期满后即终止

☑ 多项选择题（共3题，每题2分，共6分）

1. 甲公司获得一项用于自行车雨伞装置的实用新型专利，发现乙公司生产的自行车使用了该技术，遂向法院起诉，要求乙公司停止侵害并赔偿损失10万元。甲公司的下列哪些做法是正确的？（　　）
A. 向乙公司所在地的基层法院起诉
B. 起诉时未向受理法院提交国家知识产权局出具的该专利书面评价报告
C. 将仅在说明书中表述而未在权利要求中记载的技术方案纳入专利权的保护范围
D. 举证期届满后法庭辩论终结前变更其主张的权利要求

2. 2024年2月19日，甲企业就其生产的家用电器注册了"康威"商标。后来乙企业使用该商标生产冰箱，并在2014年4月开始销售"康威"牌冰箱。下面哪些说法是正确的？（　　）
A. 甲对其商标的续展申请应当在商标有效期届满后的6个月内提出
B. 乙企业对"康威"的使用为非法使用

C. 乙企业可以在 2024 年 8 月 19 日后在家用电器上申请获得注册"康威"商标
D. 甲企业在商标续展期内仍享有商标专用权

名词解释（共 5 题，每题 4 分，共 20 分）

1. 保护作品完整权
2. 信息网络传播权
3. 职务作品
4. 强制许可
5. 侵犯商业秘密行为

简答题（共 2 题，每题 10 分，共 20 分）

1. 简述著作权许可使用合同的特点。
2. 简述《专利法》规定的不能授予专利的内容。

论述题（共 1 题，共 20 分）

论注册商标与未注册商标法律地位的区别。

案例分析题（共 1 题，共 30 分）

案情：甲公司指派员工唐某从事新型灯具的研制开发，唐某于 2019 年 3 月完成了一种新型灯具的开发。甲公司对该灯具的技术采取了保密措施，并于 2020 年 5 月 19 日申请发明专利。2021 年 12 月 1 日，国家知识产权局公布该发明专利申请，并于 2022 年 8 月 9 日授予甲公司专利权。此前，甲公司与乙公司于 2020 年 7 月签订专利实施许可合同，约定乙公司使用该灯具专利技术 4 年，每年许可使用费 10 万元。

2024 年 3 月，甲公司欲以 80 万元将该专利技术转让给丙公司。唐某、乙公司也想以同等条件购买该专利技术。最终甲公司将该专利出让给了唐某。唐某购得专利后，拟以该灯具专利作价 80 万元作为出资，设立一家注册资本为 100 万元的有限责任公司。

2024 年 12 月，有人向国家知识产权局申请宣告该专利无效，理由是丁公司已于 2019 年 12 月 20 日开始生产相同的灯具并在市场上销售，该发明不具有新颖性。经查，丁公司在获悉甲公司开发出新型灯具后，以不正当手段获取了甲公司的有关技术资料并一直在生产、销售该新型灯具。

问题：

（1）唐某作为发明人，依法应享有哪些权利？

（2）甲公司在未获得专利前，与乙公司签订的专利实施许可合同是否有效？如甲乙双方因此合同发生纠纷，应如何适用有关法律？

（3）甲公司为何将专利技术出让给唐某？该专利技术转让合同成立后，对甲公司和乙公司之间的专利实施许可合同的效力有何影响？

（4）该专利是否因为不具有新颖性而被宣告无效？为什么？

（5）对丁公司的违法行为应如何定性？为什么？

综合测试题二

✓ 单项选择题（共4题，每题1分，共4分）

1. A省信息中心接受省政府下达的任务，开发了一套软件，但项目任务书中对该软件的著作权归属未作约定。该软件的著作权应属于（　　）。

A. A省信息中心　　　　　　　　　　　　B. 省政府
C. 开发软件的程序员　　　　　　　　　　D. 信息中心和省政府

2. 佳普公司在其制造和出售的打印机和打印机墨盒产品上注册了"佳普"商标。下列未经该公司许可的哪一行为侵犯了"佳普"注册商标专用权？（　　）

A. 甲在店铺招牌中标有"佳普打印机专营"字样，只销售佳普公司制造的打印机
B. 乙制造并销售与佳普打印机兼容的墨盒，该墨盒上印有乙的名称和其注册商标"金兴"，但标有"本产品适用于佳普打印机"
C. 丙把购买的"佳普"墨盒装入自己制造的打印机后销售，该打印机上印有丙的名称和其注册商标"东升"，但标有"本产品使用佳普墨盒"
D. 丁回收墨水用尽的"佳普"牌墨盒，灌注廉价墨水后销售

3. 某"二人转"明星请某摄影爱好者为其拍摄个人写真，摄影爱好者未经该明星同意将其照片卖给崇拜该明星的广告商，广告商未经该明星、摄影爱好者同意将该明星照片刊印在广告单上。对此，下列哪一选项是正确的？（　　）

A. 照片的著作权属于该明星，但由摄影爱好者行使
B. 广告商侵犯了该明星的肖像权
C. 广告商侵犯了该明星的名誉权
D. 摄影爱好者卖照片给广告商，不构成侵权

4. 李某于2023年6月22日申请一项外观设计专利，2024年5月9日获得授权，这项专利权的保护期限终止于（　　）。

A. 2033年6月22日　　　　　　　　　　　B. 2034年5月9日
C. 2038年6月22日　　　　　　　　　　　D. 2039年5月9日

✓ 多项选择题（共3题，每题2分，共6分）

1. 陈某为撰写学术论文须引用资料，为避免引发纠纷，陈某就有关问题向赵律师咨询。赵律师的下列意见中哪些是可以采纳的？（　　）

A. 既可引用发表的作品，也可引用未发表的作品
B. 只能限于介绍、评论或为了说明某问题而引用作品
C. 只要不构成自己作品的主要部分，可将资料全文引用
D. 应当向原作者支付合理的报酬

2. 甲、乙、丙三人合作开发一项技术，合同中未约定权利归属。该项技术开发完成后，甲、丙想要申请专利，而乙主张通过商业秘密来保护。对此，下列哪些选项是错误的？（　　）

A. 甲、丙不得申请专利

B. 甲、丙可申请专利，申请批准后专利权归甲、乙、丙共有

C. 甲、丙可申请专利，申请批准后专利权归甲、丙所有，乙有免费实施的权利

D. 甲、丙不得申请专利，但乙应向甲、丙支付补偿费

3. 下列哪些人员不得从事商标代理业务？（　　）

A. 国家知识产权局商标局工作人员

B. 国家知识产权局工作人员

C. 从事商标注册、管理和复审工作的国家机关工作人员

D. 律师事务所工作人员

名词解释（共5题，每题4分，共20分）

1. 著作权

2. 邻接权

3. 职务发明

4. 专利权转让合同

5. 商标异议

简答题（共2题，每题10分，共20分）

1. 简述专利法的强制许可条件。

2. 简述提起注册商标争议裁定须具备的条件。

论述题（共1题，共20分）

试述邻接权与著作权的关系。

案例分析题（共1题，共30分）

案情：A省的甲公司于2022年1月通过签订使用许可合同获得某外国企业在中国注册的"金太阳"电脑商标独占使用权及其操作系统M软件的使用权，批量组装"金太阳"电脑。2023年7月，甲公司与A省的乙公司签订委托销售合同，约定乙公司以自己的名义销售100台"金太阳"电脑，销售价格为每台3000元，每销售一台收取代销费300元。2023年9月，乙公司向B省的丙大学以每台3000元的价格卖出70台"金太阳"电脑，合同约定丙大学当日支付15万元，提货50台，另20台电脑由丙大学开办的具有法人资格的丁公司收货并付款，同时合同还约定如发生纠纷由"起诉一方所在地法院管辖"。2023年10月初，丁公司收到乙公司发运的20台"金太阳"电脑，并将该批电脑进行营利性出租，但丁公司多次以资金困难为由拒绝了乙公司的付款要求。2024年3月，乙公司将尚未卖出的30台电脑的"金太阳"商标清除，更换为戊公司的注册商标"银河"，并以每台4000元的价格卖给不知情的李某2台，李某将其中1台赠送给好友胡某。

问题：

(1) 如果丙大学使用的50台电脑出现质量问题，应向谁主张违约责任？

(2) 丁公司出租电脑的行为是否侵犯M软件的出租权？为什么？

（3）乙公司如果起诉请求支付 20 台电脑货款，应以谁为被告？怎样确定管辖法院？

（4）乙公司更换商标的行为应如何定性？哪些主体可以作为适格的原告起诉乙公司？

（5）如胡某接受赠与的电脑出现质量问题，能否要求李某承担瑕疵担保责任？为什么？

综合测试题三

✓ 单项选择题（共4题，每题1分，共4分）

1. 小甲从小就显示出很高的文学天赋，8岁时写了小说《黄土地》，并将该小说的网络传播权转让给某网站。小甲的父母反对该转让行为。下列哪一说法是正确的？（　　）

A. 小甲父母享有该小说的著作权，因为小甲是无民事行为能力人

B. 小甲及其父母均不享有著作权，因为该小说未发表

C. 小甲对该小说享有著作权，但网络传播权转让合同无效

D. 小甲对该小说享有著作权，网络传播权转让合同效力待定

2. A是某知名体育明星，2021年甲公司以A的名字注册文字商标用于体育用品，很快A成为知名的运动品牌。2023年乙公司以A的名字作为商号的主要部分，并在其运动用品上突出使用A的名字，常使消费者误认其所售为正版的品牌产品。2024年11月，甲公司以乙公司为被告，向法院提起诉讼。对此，下列哪一说法是正确的？（　　）

A. 乙公司以其合法登记公司名称抗辩可以获得支持

B. 乙公司认为甲公司的注册商标侵犯他人在先权利，乙公司无须赔偿

C. 乙公司行为侵犯了甲公司的注册商标专用权

D. 明星A可随时向国家知识产权局申请宣告甲公司商标无效

3. 甲、乙合作创作了一部小说，后甲希望出版小说，乙无故拒绝。甲把小说上传至自己博客并保留了乙的署名。丙未经甲、乙许可，在自己博客中设置链接，用户点击链接可进入甲的博客阅读小说。丁未经甲、乙许可，在自己博客中转载了小说。戊出版社只经过甲的许可就出版了小说。下列哪一选项是正确的？（　　）

A. 甲侵害了乙的发表权和信息网络传播权

B. 丙侵害了甲、乙的信息网络传播权

C. 丁向甲、乙寄送了高额报酬，但其行为仍然构成侵权

D. 戊出版社侵害了乙的复制权和发行权

4. 2020年4月，甲公司将其研发的一种汽车安全装置向国家有关部门申请发明专利。该专利申请于2021年10月公布，2023年7月3日获得专利权并公告。2021年2月，乙公司独立研发出相同安全装置后，立即组织生产并于次月起持续销售给丙公司用于组装汽车。2022年10月，甲公司发现乙公司的销售行为。2025年4月，甲公司向法院起诉。下列哪一选项是正确的？（　　）

A. 甲公司可要求乙公司对其在2023年7月3日以前实施的行为支付赔偿费用

B. 甲公司要求乙公司支付适当费用的诉讼时效已过

C. 乙公司侵犯了甲公司的专利权

D. 丙公司没有侵犯甲公司的专利权

多项选择题（共3题，每题2分，共6分）

1. 王某创作了琴谱《高山流水》，悦鸣唱片公司用数字钢琴将琴谱录制为数字专辑，并上传至云端。下列哪些行为需要征求王某同意并支付报酬，同时不需要经过悦鸣唱片公司同意但要向其支付报酬？（　　）

A. 网络电台将其作为节目表中的曲目在特定时段播放
B. 餐厅作为背景音乐播放
C. 作为电影的片尾插曲
D. 网络平台用于用户点播

2. 王某是A中学的数学教师，A中学和王某约定因工作编写的数学教材著作权归属学校，王某依约编写了一本数学教材。王某后来去B学校任教，复制该教材在自己的课堂上使用。B学校门口的小店从学生处购买了该教材，印制后加价出售。对此，下列哪些说法是正确的？（　　）

A. A中学应为该教材作者
B. 王某为该教材作者
C. 王某侵犯了A中学的著作权
D. 小店侵犯了王某的著作权

3. 东方皮韵公司在其皮箱产品上使用"东方皮韵"商标，产生一定影响但未注册。其经销商甲公司发现东方皮韵公司未注册"东方皮韵"商标，于是在皮箱上注册了"东方皮韵"商标。乙公司以囤积商标为业，预计东方皮韵公司未来生产皮带产品于是在皮带产品上注册"东方皮韵"商标，以期卖给东方皮韵公司牟利。以下哪些说法是正确的？（　　）

A. 若甲公司以东方皮韵公司侵犯其注册商标权为由提起诉讼，东方皮韵公司可以先用权为由抗辩
B. 若乙公司3年未使用该商标，则应当由国家知识产权局依职权主动予以撤销
C. 东方皮韵公司只能在"东方皮韵"商标在皮箱上注册之日起5年内，申请宣告甲公司的注册商标无效
D. 东方皮韵公司只能在"东方皮韵"商标在皮带上注册之日起5年内，申请宣告乙公司的注册商标无效

名词解释（共5题，每题4分，共20分）

1. 著作权
2. 信息网络传播权
3. 表演者权
4. 新颖性
5. 商标专用权

简答题（共2题，每题10分，共20分）

1. 不受著作权法保护的对象有哪些。
2. 简述提起注册商标争议裁定须具备的条件。

论述题（共1题，共20分）

论述对商标不得注册的绝对事由的审查和对商标不得注册的相对事由的审查。

案例分析题（共1题，共30分）

案情：甲公司研发了一款"智能节能饮水机"，于2020年1月10日向中国国家知识产权局专利局提交了实用新型专利申请，并于2020年10月15日获得授权。2023年3月，甲公司发现乙公司生产销售的"高效节能饮水机"技术特征与自家专利高度相似，遂向法院提起侵权诉讼。乙公司辩称：

第一，其产品技术方案在甲公司申请日前（2019年8月）已通过某学术期刊公开；

第二，甲公司专利说明书未充分公开关键节能技术细节，应属无效。

问题：

（1）若乙公司能证明其产品技术方案在甲公司专利申请日前已公开，甲公司专利可能面临何种法律后果？为什么？

（2）乙公司主张甲公司专利说明书未充分公开技术细节，这一主张的法律依据是什么？法院应如何审查？

（3）若甲公司在起诉前未对专利进行有效性评估，而乙公司在答辩期内向国家知识产权局请求宣告专利无效，法院应如何处理？

（4）假设甲公司专利有效，乙公司行为构成侵权，乙公司可能承担哪些法律责任？

（5）若甲公司在专利申请日后、授权前发现乙公司使用相同技术，能否主张权利？法律依据是什么？

附录一：知识产权法学习所涉及的主要法律文件

1. 《中华人民共和国商标法》（2019 年 4 月 23 日）[①]
2. 《中华人民共和国专利法》（2020 年 10 月 17 日）
3. 《中华人民共和国著作权法》（2020 年 11 月 11 日）
4. 《中华人民共和国反不正当竞争法》（2025 年 6 月 27 日）
5. 《集成电路布图设计保护条例》（2001 年 4 月 2 日）
6. 《中华人民共和国著作权法实施条例》（2013 年 1 月 30 日）
7. 《计算机软件保护条例》（2013 年 1 月 30 日）
8. 《信息网络传播权保护条例》（2013 年 1 月 30 日）
9. 《著作权集体管理条例》（2013 年 12 月 7 日）
10. 《中华人民共和国商标法实施条例》（2014 年 4 月 29 日）
11. 《中华人民共和国知识产权海关保护条例》（2018 年 3 月 19 日）
12. 《中华人民共和国专利法实施细则》（2023 年 12 月 11 日）
13. 《中华人民共和国植物新品种保护条例》（2025 年 4 月 29 日）
14. 《专利实施强制许可办法》（2012 年 3 月 15 日）
15. 《驰名商标认定和保护规定》（2014 年 7 月 3 日）
16. 《最高人民法院关于审理侵犯专利权纠纷案件应用法律若干问题的解释》（2009 年 12 月 28 日）
17. 《最高人民法院关于知识产权民事诉讼证据的若干规定》（2020 年 11 月 16 日）
18. 《最高人民法院关于审理著作权民事纠纷案件适用法律若干问题的解释》（2020 年 12 月 29 日）
19. 《最高人民法院关于审理专利纠纷案件适用法律问题的若干规定》（2020 年 12 月 29 日）
20. 《最高人民法院关于审理侵犯专利权纠纷案件应用法律若干问题的解释（二）》（2020 年 12 月 29 日）
21. 《最高人民法院关于审理商标授权确权行政案件若干问题的规定》（2020 年 12 月 29 日）
22. 《最高人民法院关于审理商标民事纠纷案件适用法律若干问题的解释》（2020 年 12 月 29 日）
23. 《最高人民法院关于审理注册商标、企业名称与在先权利冲突的民事纠纷案件若干问题的规定》（2020 年 12 月 29 日）
24. 《最高人民法院关于审理涉及驰名商标保护的民事纠纷案件应用法律若干问题的解释》（2020 年 12 月 29 日）
25. 《最高人民法院关于审理侵害信息网络传播权民事纠纷案件适用法律若干问题的规定》（2020 年 12 月 29 日）
26. 《最高人民法院、最高人民检察院关于办理侵犯知识产权刑事案件适用法律若干问题的解释》（2025 年 4 月 23 日）

[①] 本附录法律文件的日期为公布时间或最后一次修订、修正日期。

27.《保护工业产权巴黎公约》（1883年3月20日）
28.《保护文学艺术作品伯尔尼公约》（1886年9月9日）
29.《商标国际注册马德里协定》（1891年4月14日）
30.《保护表演者、录音制品制作者和广播组织罗马公约》（1961年10月26日）
31.《专利合作条约》（1970年6月19日）
32.《与贸易有关的知识产权协定》（1993年12月15日）
33.《世界知识产权组织版权条约》（1996年12月20日）

附录二：参考文献及推荐书目

1. 《知识产权法学》编写组编：《知识产权法学》，高等教育出版社2022年版。
2. 吴汉东主编：《知识产权法》，法律出版社2023年版。
3. 吴汉东主编：《知识产权法学》，北京大学出版社2022年版。
4. 刘春田主编：《知识产权法》，中国人民大学出版社2022年版。
5. 王迁：《知识产权法教程》，中国人民大学出版社2021年版。
6. 王迁：《著作权法》，中国人民大学出版社2023年版。
7. 冯晓青：《著作权法》，法律出版社2022年版。
8. 马一德：《专利法原理》，高等教育出版社2021年版。
9. 冯晓青、刘友华：《专利法》，法律出版社2022年版。
10. 闫文军：《专利法》，中国人民大学出版社2022年版。
11. 苏平、何培育主编：《专利法》，北京大学出版社2020年版。
12. 黄晖：《商标法》，法律出版社2016年版。
13. 法规应用研究中心编：《商标法、专利法、著作权法一本通》，中国法治出版社2025年版。
14. 国家法官学院、最高人民法院司法案例研究院编：《中国法院2025年度案例·知识产权纠纷》，中国法治出版社2025年版。
15. 最高人民法院民事审判第三庭：《最高人民法院知识产权审判案例指导》（第16辑），中国法治出版社2025年版。
16. 最高人民法院民事审判第三庭：《最高人民法院知识产权审判案例指导》（第17辑），中国法治出版社2025年版。
17. 冯晓青等：《技术类知识产权交易的权利识别、侵权防范与违约责任》，中国法制出版社2021年版。
18. 李小草：《电商平台知识产权治理新思维》，中国法制出版社2022年版。